관종의 시대

관종의 시대

발행일 초판1쇄 2020년 7월 20일 | **지은이** 김곡

펴낸곳 (주)그린비출판사 | **펴낸이** 유재건 | **주소** 서울시 마포구 와우산로 180, 4층

주간 임유진 | **편집** 방원경, 신효섭, 홍민기 | **마케팅** 유하나

디자인 권희원 | **경영관리** 유수진 | **물류·유통** 유재영, 이다윗

전화 02-702-2717 | **팩스** 02-703-0272 | **이메일** editor@greenbee.co.kr | **신고번호** 제2017-000094호

ISBN 978-89-7682-626-8 03100

이 도서의 국립중앙도서관 출판예정도서목록(CIP)은 서지정보유통지원시스템 홈페이지(http://seoji.nl.go.kr)
와 국가자료공동목록시스템(http://www.nl.go.kr/kolisnet)에서 이용하실 수 있습니다.
(CIP제어번호: CIP2020024095)

철학과 예술이 있는 삶 **그린비출판사**

관종의 시대

김곡 지음

그린비

태동을 짓는 여자들

무무, 장에게

서문

이 책에서 '관종'은 단지 SNS 인플루언서나 인터넷 BJ처럼 관심을 돈벌이로 하는 특정 직업군의 캐릭터를 지시하는 게 아니다. '관심'과 '종자'가 합쳐진 뜻 그대로, 오늘날 관심은 돈과 삶의 개념 자체를 그 '종자'부터 바꾸어 놓았다. 그러므로 이 책에서 '관종'은 관심이 곧 가치이자 생명력이 되어 버린 이 시대 자체의 캐릭터, 이 사회 전체의 캐릭터를 지시한다. 우리 모두 관종이다. 당신도 관종이다. 이 시대를 살고 있다는 이유만으로. 관종은 이 시대를 지배하는 하나의 '증상'이다.

관종은 존재론적 사건이다. 존재의 의미를 심각하게

바꾸어 놓았기 때문이다. 2020년, 우리가 집 없이는 살아도 셀카 없이는 단 하루도 살 수 없다는 것, 또 밥 없이는 살아도 '좋아요' 없이는 단 1분도 살 수 없다는 사실은, 오늘날 존재가 더 큰 불안에 직면했음을 의미하는 것이 아니다. 반대로 그것은 오늘날 '존재'esse는 '관심'interesse이라는 새로운 술어에 완전히 대체되었음을 의미한다. 실상 관종은 불안을 모른다. 오직 무관심만이 관종을 불안케 한다.

기존의 존재론만으로 관종 현상을 읽어 내는 것은 쉽지 않아 보인다. 관종은 이처럼 존재의 폐기에 입각하기 때문이다. 관종의 가슴 깊숙이 어떤 폭력성이 내재되어 있다. 관종은 타자를 죽이려는 본능과 함께 태어난다. 타자가 없어지는 만큼 자신이 돋보이기 때문이다.

셀카, 해시태그, 몰카, 혐오, 테러 등 이 시대를 지배하는 현상들은 그 양상이 아무리 달라 보여도 모두 동근원적인 하나의 현상이다. 모두 타자에게서 타자성을 소거하여 정체성을 확보하려는 관심 충동에 기인한 현상들이기 때문이다. 그런 충동은 때때로 자기 자신을 향하여, 자신 안에 있는 타자까지 살해하는 불행한 사태를 낳기도 한다. 우울증이나 과대망상증이 바로 그것이다. 이 역시 관종의 시대를 특징짓는 폭력이고 질환이다. 관종의 시대는 타자 학살의 시대다. 관종은 그 가해자인 동시에 피해자다.

관종의 시대에 우리가 잃은 것은 타자의 타자성이다. 오늘날, 타자가 사라지고 있다. 이 책은 바로 이러한 소거의 문화에 저항하기 위해 쓰였다. 당신도 이 대학살로부터 예외일 수 없을 것이다. 당신도 타자다. 이 시대를 살고 있다는 이유만으로.

2020년 5월

김곡

차례

우리는 모두 허공에 성을 쌓는다.

문제는 우리가 그 성에서 살고자 할 때 생긴다.

−Neil Postman, *Amusing Ourselves to Death*

1장
존재에서 관심으로

2014년 영국의 한 소년이 자살했다. 셀카를 하루에 200여 장씩 포스팅하는 셀카 중독이었으나, 죽기 전에 완벽한 셀카가 나올 수 없다는 것을 깨달았다. 2015년 17살 러시아 소년은 건물에 매달리는 익스트림 셀카를 찍다가 9층 높이에서 떨어져 사망했다. 2016년 15살 인도 소년은 머리에 총을 대고 셀카를 찍다가 오발되어 사망했다. 2018년 한 독일 관광객이 스리랑카 관광지 '세계의 끝' 절벽에서 셀카를 찍으려다 떨어져 즉사했다. 그녀가 추락한 높이는 1200m였다. 2020년 한국에선 한 여성이 카페를 찾아가서 헤이즐넛 라떼와 초콜릿 다쿠아즈를 주문하고는 수십 장의 셀카를 찍었으나, 정작 먹지는 않고 나온다. 그녀는 10만 명의 팔로워를 이끌고 하루에도 몇천 개의 '좋아요'를 받는 인스타그램 스타다.

한국은 2000년대 중반부터 인터넷 1인 방송이 흥하였다. 2009년 한 남성 BJ가 '여고생을 안아 보고 싶다'라고 적힌 팻말을 들고 여고 앞에 서서 어그로를 끌었다. 물론 경찰에 연행되는 바람에 방송은 중단되었다. 2013년 한 BJ는 간장을 원샷하고 간장으로 머리를 감아 별풍선을 끌어모았다. 이에 질세라 다른 BJ는 지하철에서 라면을 끓여 먹고, 사타구니에 불을 질렀다. 2018년은 한국 초등학생 장래희망 조사에서 인터넷 방송인이 처음으로 10위권 안으로 진입한 기념비적인 해다. 그러나 같은 해 한 여성 BJ가 인터넷 생방송 도중 투신하여 자살한다. 다른 BJ들은 1인 방송장비를 휴대하고 장례식장을 찾아가 그녀의 마지막 가는 길까지 방송했다.

주체는 시대의 산물이고, 시대마다 그 시대를 대표하는 주체의 형태가 있다. 19세기의 주체는 프롤레타리아트와 자유주의자들이었고, 20세기의 주체는 프레카리아트와 유목민들이었다. 정치적이고 사상적인 차이가 있긴 하겠으나 그들 모두는 적을 가지고 있었고, 목표를 가지고 있었고, 무엇보다도 불안을 가지고 있었다. 그러니까, 지난 세기는 적어도 존재의 시대였다. 주체는 최소한 '존재' 했다. 대상을 가졌기 때문이다. 그것이 적이건 친구이건, 목표이건 근거이건, 주체는 대상을 직면해야 했고, 또 대상이 존재를 앗아 가려 한다면 그에 맞서 존재를 쟁취해 내야 했다. 지난 세기 주체들은 모두 '호모 사케르'homo sacer였다. 살아도 살지 않은 자들이고 죽어도 죽지 않은 자들이므로, 그들에게 존재의 문제보다 더 시급한 문제는 없었다.

그러나 오늘날 인터넷 교신망과 SNS 타임라인을 타고 도래한 '관종'은 완전히 다른 차원이다. 물론 인터넷상에서 관종인 어떤 개인이 일상에선 불안을 가질 수 있을 것이다. 그러나 그가 페이스북·트위터·인스타그램·유튜브에 접속하자마자 사정은 달라진다. 무한히 펼쳐지는 하이퍼링크를 따라 자신이 보고 듣고 먹은 것들의 이미지, 혹은 자기 자신의 이미지를 자유로이 공유하며, '좋아요'와 별풍선을 그러모으는 것만으로도 불안의 문제는 온데간데없이 사라지고 그의 존재성은 빼고 더할 것 없이 완벽하게 충만해진다.

관종은 지난 세기의 주체와는 전혀 다른 주체다. 그는 아예 주체가 아니다. 주체는 최소한 존재해야 한다. 그러나 **관종은 '존재'하지 않는다. 대상을 가지지 않기 때문이다.** 프롤레타리아트는 부르주아라는, 자유주의자는 독재정이라는 적을 가짐으로써, 또 프레카리아트는 신자유주의와 후기자본주의라는, 유목민은 통제와 검열이라는 적을 가짐으로써 존재했던 바에 비한다면, 관종에게 그런 대상이란 없다. 유튜버가 소개하는 신상품, 파워블로거가 전달하는 정보나 지식은 데이터지 결코 대상이 아니다. '좋아요'를 눌러 주고 댓글을 달아 주는 관객 역시 관종의 대상이 될 수 없다. 그들은 관종의 분신 혹은 부분 자아, 즉 그의 '팔로워'다. 더구나 먹방·쿡방·술방·겜방·공방·뷰방에서 BJ는 팔로워가 원하는 활동을 '대행'한다. 둘은 분신적 관계 외에 어떤 대상적 관계를 맺을 수 없다. 2014년 SNS를 통해 아이스버킷 챌린지가 세계적으로 유행했지만, 많은 영상이 기부금을 어디로 보내야 할지를 언급하지 않았고, 심지어 많은 도전자들이 무엇을 위한 캠페인인지도 인지하지 못하고 있었다.

그러니까, 관종의 모든 대상은 관심 자체다. 관종은 관심을 끌고, 관심을 모으고, 관심을 벌고, 관심을 축적해서 관심 재벌이 되고 관심의 왕국을 건설하는 것 외에 다른 이상과 목적이 없다. 별풍선을 모으거나 광고 협찬을 받아서 얻게 되는 경제적 수익은 관심의 집중을 계속해 나가기 위한 보조 수단이거나 부수입일 뿐이다. 돈은 관종이 관심을 끌기 위해 선택하는 '드립' 아이템보다 더 합목적적 지위를 가지지 않는다. 실제로 관종은 돈을 벌어 충분히 부유해진 뒤에도 '어그로'를 멈추지 않으며, 부조차 어그로의 소재가 된다. 죽음이라는 가장 큰 대상을 들이대 봤자 사정은 달라지지 않는다. 오히려 죽음은 더 큰 관심을 끌며, 더 많은 댓글을 불러 모은다. 관종에게 죽음은 관심의 중단이 아니다. 죽음은 관심의 완성이다. 2008년 한 19세 미국 소년은 자신의 자살을 스트리밍했는데, 온라인에 남긴 유서에는 "나는 우리가 만들었던 기억 속에 영원히 살아 있을 거야"라고 쓰여 있었다.

　　'관심'과 '종자'가 붙여져 만들어진 뜻 그대로, 관종은 이전 세기의 주체들과는 그 종자부터 다르다. 그는 더 많은 댓글, 더 많은 조회수, 더 많은 관심을 받기 위해서 불안과 죽음, 적과 동지, 이상과 이념 등 그 어떤 대상도 기꺼이 소거해 버린다. 관심의 집중은 모든 두려움을 일소하며 모든 정치학을 대체한다. 사람들은 관종 문화가 사회적·정치적 퇴행의 결과라고 개탄하지만, 정확히 말해서 관종은 투쟁하고 싶어도 투쟁할 수가 없다. 투쟁할 대상이 없기 때문이다. 또 존재하고 싶어도 존재할 수가 없다. 쟁취할 존재가 없기 때문이다. 불안하고 싶어도 불안할 수가 없다. 불안해할 무가 없기 때문이다. 어떤 것도 관종을 불안하게 할 수 없다. 오직 무관심만이 관종을 불안하게 한다.

관종은 대상과의 절대적 관계를 팔로워와의 상대적 관계로 치환함으로써만 존재한다. 아니, 바로 그래서 관종은 '존재한다'라고 말할 수도 없다. 관종에겐 '사이-존재'inter-esse라는 새로운 존재성이 '존재'esse를 대체하기 때문이다. 모든 '존재'esse가 바로 그 '사이'inter로 흩어져 사라진다. **관심interesse은 관종의 모든 존재esse다.** 2019년, 한 베트남 인플루언서는 뷰티필터 앱을 실수로 꺼 놓고 방송을 하는 바람에 수천 명의 팔로워를 잃고서 끝내 계정 삭제하였다. 이는 그녀가 실제로 존재하지 않았음을 의미하는 것이 아니라, 반대로 뷰티필터 앱이 그녀의 유일한 존재 방식이었음을 의미한다. 또한 2020년, 한 한국 유튜버는 틱장애 환자를 가장하여 조회수를 올리다 들통나서 끝내 계정 삭제하였다. 이는 그가 진짜 운동조절장애가 아니었음을 의미하는 게 아니라, 관심조절장애가 그의 유일한 존재조절 방식이었음을 의미한다. 관심이 기존 존재론의 술어로 다 분석되지 않는 것처럼, 관종은 기존 주체론의 개념으로 다 설명되지 않는다. 우리는 이제 밥 없이는 살아도 관심 없이는 단 하루도 살 수 없다. 이제 이름 없이는 살아도 '좋아요' 없이는 단 하루도 살 수 없다. 관종은 단지 어떤 기질이나 직종을 가리키지 않는다. 관종은 세계현상이다. 관종의 출현은 세계의 어느 일부가 퇴행했다는 증거가 아니라, 세계 전체가 존재의 의미를 수정하고 있다는 증거, 즉 존재의 패러다임에서 관심의 패러다임으로 이행하고 있다는 증거다.

관심은 시선regard과 혼동될 수 없다. 시선은 지난 존재의 패러다임에서나 통용되던 광학이다. 그래서 존재의 세기는 수치심의 시대이기도 했다. 사르트르는 타자의 시선에 의해 존재는 구멍 나고 또 누수되어 끝내 해체

된다고 말한다.[1] 즉 시선에 의해 "타자는 나의 존재를 훔쳐 간다".[2] 수치심이란 바로 이런 존재의 구멍 뚫림, 그 "내출혈"[3]에 대한 근원적 반응이며, 고로 전적으로 존재의 패러다임에 속하는 심리다. 사르트르는 "반사"réflexion란 개념을 마뜩잖아 했으나, 수치심은 반사의 형식으로서만 존재의 문제가 된다. 타자를 반환점으로 삼아 돌아온 빛만이 존재를 무의 심연으로 몰아넣고 사물화의 위기에 빠뜨리기 때문이다. 즉 타자는 반사판이고, 시선은 반사광이고, 수치는 반사적이다. 고로 문제의 해결도 반사reflect, 반성의 형식(Re-)을 따른다. "구토"는 존재 깊숙이 내재하던 무의 역류revolt다. 저항resist이란 그 역류의 연장이다. 그러니까, **수치심이란 저항의 조건이다.** 존재의 세기에 주체는 부끄러워서 저항했다. 가령 마르크스주의는 총체성을 반성하지 않고는 투쟁하지 않았고, 실존주의는 구토를 역류하지 않고는 결단하지 않았다. 또 냉전시대의 민중은 이념이라는 대상에 비추어 본 현실이 수

---

1 장 폴 사르트르, 『존재와 무 I』, 손우성 옮김, 삼성출판사, 1977, 3부 1장 4절, 439쪽.
2 앞의 책 II, 3부 3장 1절, 97쪽.
3 앞의 책 I, 3부 1장 4절, 441쪽.

치스러워 행동했다. 한마디로 20세기의 주체에게 반성은 생존술 자체였다. 돌아오지 않는 빛은 존재를 비출 수도, 무를 채울 수도 없다. 수치심 없이 저항할 수 없다.

그런데 관심의 패러다임에서 상황은 완전히 다르다. 관심의 빛은 반사되지 않는다. 반사될 타자, 즉 대상 자체가 없기 때문이다. 20세기 생존술이었던 반성과 수치심은 이제 약점이 되고 천더기가 된다. 실상 존재의 패러다임의 대전제는 **타자의 타자성**이다. 타자가 타자인 한에서 빛은 반사되며, 반사광은 주체가 유출한 빛의 투영이나 굴절이 아니다. 사르트르는 "타자-시선의 현전은 존재한다. 나는 그것을 내게서 파생시킬 수 없다"[4]라고 못박는다. 그런데 관심의 패러다임에서 이 대전제는 효력을 잃는다. 그렇게 온전한 타자란 이제 없다. 미인이나 장애인을 가장하는 경우에서처럼, 관종에게 타자의 타자성은 더 많은 관심을 끄는 패션이 될 뿐이다. 또한 아무리 악플을 달아도 팔로워는 타자가 될 수 없고, 아무리 서로를 비방하더라도 BJ들은 서로에게 타자가 될 수 없다. 그럴

4 앞의 책 I, 3부 1장 4절, 462쪽.

수록 관심만 키울 뿐이니까. 일반적으로 폭력은 타자에게서 타자성을 소거하는 가장 간편한 방법이다. 악플이나 조리돌림 같은 '묻지 마' 식의 폭력은 타자의 이름을 묻지 않는다. 인터넷 폭력의 문제는 불필요한 타자를 양산한다는 것이 아니라, 필요한 타자마저 제거한다는 데에 있다. 그러나 클릭 한 번으로 차단되고 삭제되는 타자는 진짜 타자가 아니다. 외려 이 시대의 모든 폭력은 클릭 한 번으로, 흡사 폴더에서 파일을 삭제하듯 너무도 쉽게 타자를 지울 수도 있다는 가정에서 생겨난다.

관심은 시선이 아니다. 반사광이 아니기 때문이다. 관심의 패러다임에 타자란 없다. 시선과 달리 관심은 타자를 전제하지 않는다. 외려 **관심은 타자를 소거한다.** 관종은 사르트르에게 '타자-시선의 현전에 관심 없다. 나는 그것을 내게서 파생시킬 수 있다'라고 코웃음칠 것이다. 오늘날 관심은 대상 없이, 수치심의 장벽 없이, 고로 **저항 없이** 퍼져 나간다. 실제로 인터넷과 SNS의 모든 문법과 전략은 반사광의 간접성·회귀성·반응성을 직선광의 직접성·확장성·공격성으로 대체해 왔다. 인터넷 신조어는 끊임없이 변주되고, 해시태그는 거미줄처럼 퍼져 나간다. 셀카는 확장력이 있어야 하고, 게시판 분탕질은 파급력이 있어야 한다. 관심의 패러다임은 반발적 저항을 공격적 직진으로, 수치심을 '어그로'로 대체한다. 요컨대 존재의 패러다임에서 주체는 존재가 훔쳐져서 부끄러워했고, 저항했다. 반대로 이번 세기, 관종은 관심을 훔쳐 오려고 어그로 끌고 드립친다. 관심은 누진적이다.

이 시대를 특징짓는 '과잉'hyper은 단지 양적인 차원을 지시하는 게 아니라, 존재와 저항의 패러다임이 관심과 어그로의 패러다임으로 대체되는 질적 방식을 지시한다. 여기서 하이퍼링크hyperlink의 기능은 절대적이다. 하이퍼링크는 존재 간 저항을 철폐함으로써 모든 존재esse를 사이-존재inter-esse로 변환한다. SNS의 초창기, 페이스북이 유독 선전했던 이유도 소통 비용을 턱없이 낮췄기 때문이었다. 하이퍼링크는 저항 없는 관심망을 창조했다. 오늘날 약간의 관심이란 있을 수 없다. 어떤 관심도 한계 없이 넘쳐나는 무한한 관심망의 일부다. 하이퍼링크가 이미 하이퍼관심이다. 인터넷이 이미 관심넷이다. 오프라인에서 개인이 **'나는 뭐든지 할 수 있다'**라는 과잉 가능성을 주입하는 자기계발 사회 속에 있는 것처럼,

이제 온라인에서 개인은 '**나는 누구에게도 관심 받을 수 있다**'라는 과잉 가능성을 주입하는 자기홍보 사회 속에 있다. 오늘날 과잉과 관심은 분리 불가능하다. 과잉의 보편화는 우리가 관심이 존재를 압도하는 시대에 살고 있음을 뜻한다.

패러다임이 바뀌었단 사실은 질병에서 드러날 때가 많다. 관종은 되돌아오는 빛을 선택하는 게 아니라 어떤 빛에라도 자신을 무차별적으로 노출시키며, 그로써 '조절장애'는 이 시대의 대표적 증상이 된다. 이 시대를 지배하는 질환들, 분노조절장애·연극성 인격장애·대인기피증·조울증·ADHD·BDD 등은 인터넷 중독이나 게임 중독으로 모두 설명되지 않는다. 중독 개념은 보상심리를 전제한다는 점에서 여전히 존재의 패러다임에 남아있다. 기실 위 질환들은 존재를 보충하려는 방어심리가 아니라, 관심을 증폭하려는 적극성이 초래하는 질환, 이를테면 '관심조절장애'다. 그것은 위축된 자아의 수동적 상태로는 설명되지 않으며, 뭐라도 더 확장하려는 자아의 공격적 상태로만 설명된다.

프로이트는 유혹 가설을 포기하고 유아성욕 가설(자

위 가설)로 넘어가던 1897년~1899년 시기에 그 유명한 편지[5]에서 다음과 같이 말한다. "가장 깊은 성의 층은 자기성애Autoerotismus의 층인데, 그것은 어떤 목표도 갖고 있지 않다." 자위의 억압 이후에 이루어지는 리비도 분기(대상 리비도Objekt-libido·자아 리비도Ich-libido)라는 구도에 이른 프로이트는 강박증과 편집증을 엄밀하게 구분한다. 그의 발전된 견해에 따르면, 강박증이 억압된 대상의 반복인 데 반해, 편집증은 먼저 자아의 투사이고, 고로 대상 없는 자아의 반복이자 누적이며 그 체계화다. 물론 편집증에도 누군가 나를 훔쳐보거나 해하려 한다는 식으로 구경꾼 같은 낯선 대상들이 나타나긴 한다. 하지만 그것은 어린 시절 사랑했던 대상들이 외부로 투사된 것으로서, 어디까지나 자아의 분해된 일부들("불분명한 낯선 사람들"[6])이다. 편집증에선 모든 외부 대상과의 관계는 자아와의 관계로 환원되어 과대망상의 일부를 이룬다. 강

---

5 지그문트 프로이트, 「플리스에게 보낸 편지」[편지 125(1899년 12월 9일)], 『정신분석의 탄생』, 임진수 옮김, 열린책들, 2005, 192쪽.
6 지그문트 프로이트, 『꿈의 해석』, 김인순 옮김, 열린책들, 2003, 300쪽, '노출증적 꿈' 부분.

박증이 대상과의 동일시를 유지하는 "타자성애"Alloerotismus의 질환이라면, 편집증은 가상적 자아와의 동일시로 진행되는 "자기성애"Autoerotismus의 질환이다. 그래서 강박증이 발달과 함께 심화되는 질환이라면, 편집증은 발달 이전으로 퇴행하는 더 유아기적인 질환, 즉 **나르시시즘적 질환**이다. 편집증은 자아를 보전하기 위해 외부와의 관계를 단절하고 또 꾸며 낸다. 위조한다. 강박증과 달리 편집증에선 "현실감의 상실이 반드시 존재"한다.[7]

관종은 강박증자라기보다는 편집증자다. 강박증자는 좋든 싫든 억압된 대상과의 관계를 유지하는 반면, 관종은 대상과의 관계를 자아와의 내면적 관계로 먼저 환원하기 때문이다. 그에겐 아예 대상이 없다. 억압도 장애물도 없다. 관종의 자아는 억압은커녕 '나는 뭐든지 할 수 있다' 혹은 '나는 누구에게도 관심 받을 수 있다'라는 무한한 가능성으로 충만하다. 바로 그 과잉 가능성의 표상이 망상이다. 그것은 관종 자아의 확장력을 표시한다. 그

---

7 지그문트 프로이트, 「신경증과 정신증에서 현실감의 상실」, 『억압, 증후 그리고 불안』, 황보석 옮김, 열린책들, 1997, 207쪽.

러니까, 관종은 "자기 자신을 사랑하듯 망상을 사랑"한다.[8] 강박증자는 존재의 패러다임에 속한다. 그는 결벽증자다. 과거에 억압된 대상을 끊임없이 반복하며 수치심을 키우고, 그를 다시 저항의 원동력으로 전환하는 자다. 실존주의자는 전형적인 강박증자다. 반면 관종은 편집증자로서 관심의 패러다임에 속한다. 그는 노출증자다. 그는 수치심을 모른다. 그가 먼저 반복하는 것은 대상이 아니라, 과시되고 전시되는 자기 자신이기 때문이다. 물론 노출증의 발병 원인은 히스테리나 강박증과 관련이 있으나, 외부 대상에서 "주체 자신으로의 방향 전환"을 완결하기 위해선 이미 선행하던 편집증적 단계가 반드시 개입되어야 한다.[9] 근래에 통용되는 'SNS 히스테리'란 개념

---

8 지그문트 프로이트, 「플리스에게 보내는 편지」[원고 H 편집증(1895년 1월 24일)], 『정신분석의 탄생』, 73쪽.

9 지그문트 프로이트, 「본능과 그 변화」, 『정신분석학의 근본 개념』, 윤희기·박찬부 옮김, 2003. "본능이 주체 자신의 자아로 방향 전환을 하는 본능(Triebe)의 변천 과정은 자아의 나르시시즘 형성 과정에 따를 수밖에 없으며 […]"(120~121쪽). 노출증과 편집증을 구분하는 글로는 박권일, 「소셜 미디어에 흔한 '연극성 인격 장애'」, 『시사IN』, 195호(2011년 6월) 참조. 그러나 박권일도 현대의 노출증에 포함된 편집증적 요소를 분명히 지적하고 있다. "자기 전시 욕망은 […] 타자의 시선으로 자신을 바라보는 게 아니다. **스스로 '타자의 시선이라 상상한' 어떤 시선**으로 자신을 바라보는 것이고, 그렇기 때문에 타자의 실제 반응을 객

은 모순적이다. SNS 유저는 타자성을 소거하기 위해서만 타자에 과잉 의존하기 때문이다. 오늘날 인터넷에 존재하는 노출증자는 그저 거세 공포를 제거하려는 실용주의자가 아니다. 그는 시선이 증대하는 만큼 자기 자신을 확장할 수 있다고 꿈꾸는 자이며, 가장 멍청한 짓을 방송하려고 자신의 사타구니에 불을 붙일 때처럼, 혹은 가장 멋진 셀카를 찍으려고 낭떠러지 끝에서 점프할 때처럼, 그 무한한 가능성 앞에서 중력과 저항을 소거할 수 있다고 믿는 자다. 그의 견고한 나르시시즘적 세계 안에 **"저항 Widerstand이란 없다"**.[10]

폭력의 양상도 완전히 달라진다. 지난 세기 폭력은 결벽증에 입각했다. 존재의 억압이었고, 억압의 기억은 극도의 민감성을 남겨 히스테리와 강박증이라는 2차 가해로 이어졌다. 억압은 조절과 통제다. 그런데 이 시대의 폭력은 정반대다. 과잉행동장애·분노조절장애·공황장애·조울증 등은 조절 능력을 잃어버린 데서 오는 폭력이

관화시키기도 어렵다." 강조는 인용자.
10 지그문트 프로이트, 『성욕에 관한 세 편의 에세이』, 김정일 옮김, 열린책들, 2003, 88쪽, '복합적 성욕 도착 요인' 부분.

고, 과민성이 만성화되다 결국 현실 전체에 둔감해지는 데서 오는 공격성이다. 이런 종류의 폭력은 노출에 방해되는 어떤 타자도 삭제할 수 있다는, 나아가 타자의 삭제로 가상적 자아를 확장할 수 있다는 윤리적 무중력 상태를 전제한다. 2017년 태국, 아내에 대한 피해망상에 빠져 있던 한 남자가 자신의 11개월 된 딸을 목매달고 자신도 자살하면서 이를 SNS로 생중계했다. 같은 해 한국, 10대 소녀 두 명이 인터넷 역할극을 하다가 초등학생을 유괴하여 살해했다. 2018년 루이지애나, 한 남자가 전 여자친구를 겁박하여 페이스북 라이브로 공개사과하게 하고는 뒤에서 방아쇠를 당겼다. 6발을 맞고서 사망한 그녀는 세 아이의 어머니였다. 모두 존재를 회복하려는 결벽증적 행위가 아닌, 거꾸로 존재를 지워서라도 더 많은 관심을 회수하려는 노출증적 행위다. 또한 **존재와 관심을 맞바꾸는 데 어떤 저항도 못 느끼는 편집증적 상태**다. 저 루이지애나 관종은 총을 쏘기 직전 다음처럼 말했다. "다들 유명해지고 싶어 하잖아. 오늘 유명해지자."

범죄 역시 결벽증적 시대엔 사르트르의 말처럼 '존재를 훔치는' 일이었다면, 노출증 시대의 범죄는 관심을 훔치는 일이다. 혹은 그 관심의 중심으로서의 자아를 훔치는 일이다. 몰카·집단 따돌림·스토킹·그루밍 범죄 등등이 모두 그런 종류의 절도다. 자기 자신의 자아를 훔치는 BDD와 같은 불행한 사례도 있다. 보복성 음란물, 딥페이크 포르노, 메신저 성착취 같은 디지털 성범죄 역시 관종 범죄다. 모두 노출증의 강요와 그 변주들이기 때문이다. 특히 혐오 범죄는 노출증 시대의 가장 특징적인 현상이다. 혐오는 타자의 소거를 통한 관심의 전유다. 혐오 범죄는 스토킹과 그루밍처럼 나르시시즘 범죄다. "그것은 **타자가 존재하지 않는 하나의 세계**를 실현하려고 기도하는 일과 대등하다."[11] 이 시대의 범죄와 폭력은 너무 많은 억압이 아니라, **너무 많은 관심에 노출**되어 있다는 데서 온다. 그것은 하이퍼링크가 쏟아 내는 너무 많은 정보, 너무 많은 가능성과 결코 무관치 않다. TMI는 Too Much Interest다. 동시에 Too Much Intolerance다.

인터넷이나 미디어가 이런 유형의 폭력들을 부추긴다는 통념은 잘못된 것이다. 관심이 이미 인터넷이고 미

---

11 장 폴 사르트르, 『존재와 무 II』, 3부 3장 2절, 163쪽. 강조는 인용자.

디어다. 관종 세대는 그 가해자인 동시에 피해자다. 하이퍼링크가 인류의 중립적 도구라는 생각도 협소하다. 우리는 그것을 더 이상 인류의 성격 규정 자체로부터 떼어낼 수 없다. 하이퍼링크는 관종의 영혼이자 팔다리다. 그의 두뇌이자 캐릭터다. 동시에 그것은 나르시시즘의 발전기이기도 하다. 우리는 관종을 **하이퍼링크hyper-에 의한 과잉노출증자hyper-**로 정의할 수 있다. 관종은 **들떠 있다 hyper**.

관종의 노출증적 나르시시즘에 비하면, 지난 세기의 주인공이었던 결벽증자는 얼마나 조심스럽고 수줍고 겸허했던가. 최소한 이념의 순수성 혹은 주체의 순수성을 지키려 했으니 말이다. 그것을 잃을 때는 애도라도 하려고 했으니 말이다. 2012년 한국, 발로 짜장면을 먹고 나체방송을 일삼던 한 남성 노출증자 BJ가, 386세대로서 이념적 결벽증과 저항적 수치심으로 분투하며 글을 써 온 한 여성 소설가의 트위터에 악플을 달다가 고소당한 사건이 있었다. BJ는 고소 취하를 부탁하러 소설가를 찾아갔을 때도 카메라를 들고 가서 그녀를 자기 노출극의 일부로 삼으려 했는데, 이때 그녀의 첫마디는 "촬영하지 마세요"

였다. 이것이 존재의 패러다임과 관심의 패러다임, 강박증과 편집증의 차이다. 즉 결벽증자는 빛이 무서워서가 아니라 그것이 가리는 어둠이 무서워서 저항한다. 노출증자는 빛을 사랑해서가 아니라 빛에 비칠 자기를 사랑해서 노출한다. 만약 관종이 노출한다면 그것은 그가 바깥을 가져서가 아니다. 반대로 바깥조차 그의 내면 안에 있어서다. 관종은 스스로를 겨냥해서만 노출한다.

관종은 유아론자다. 단, 댓글·좋아요·팔로우·리트윗·별풍선의 누진적 연쇄가 그의 일부가 되어 뻗어 나가는 그런 팽창주의적 유아론자다. 프로이트는 편집증적 자아에 대해서 계속 "방어적"이라는 표현을 쓰지만, 이는 편집증적 효과로서의 자아의 보전을 강조하기 위함일 뿐이다. 실상 편집증자의 공격적 특성은 내부에서 외부로 향하는 "투사의 남용"[12]에 있다. 원론적으로 편집증자의 "자아는 외부세계를 필요로 하지 않는다".[13]

이념·목적·신체·중력·죽음… **어떤 대상도 무차별**

---

12 지그문트 프로이트, 「플리스에게 보내는 편지」[원고 H 편집증(1895년 1월 24일)], 『정신분석의 탄생』, 71쪽.
13 지그문트 프로이트, 「본능과 그 변화」, 『정신분석학의 근본 개념』, 125쪽.

적으로 소거하는 과잉자기성애 Hyper-autoerotismus, 이게 아니면 우린 셀피사이드selfiecide 현상을 해명할 길이 없다. 또 이게 아니면 우리가 왜 좋은 음식, 좋은 장소를 보면 셀카를 찍지 않으면 못 배기는지, 정작 그 음식과 장소는 제대로 즐기지 못했더라도 셀카를 포스팅하고 나면 배가 부른지 해명할 길이 없다. 아이스버킷 챌린지에 쓸 얼음을 살 돈으로 왜 차라리 기부를 하지 않는지 해명할 길이 없다. 또 그 반대편에선 디지털 성범죄와 몰카 범죄가 이토록 빠르게 진화하고 있는지 해명할 길이 없다. 또 2017년 인스타그램 방송을 하며 음주운전하던 한 미국 소녀가 교통사고를 내고 동승했던 여동생이 창밖으로 튀어나갔을 때, 어째서 죽어 가던 동생까지 생중계를 해야 했는지 해명할 길이 없다. 사람들이 자주 오해하는 것과 달리 관종은 단지 허구에 중독된 것이 아니다. 그는 자아라는 실재에 중독되어 있다.

관종이 대상을 알지 못하는 것은 자기 자신에 중독되었기 때문이다. 그의 환상은 '나는 뭐든지 할 수 있다' 혹은 '나는 누구에게도 관심 받을 수 있다'라는 과잉자기성애로 충전되어 있다. 하지만 '나는 뭐든지 할 수 있다'

라는 과도한 믿음은 '나는 어떤 것도 할 수 없다'는 사회에 대한 반응이기도 하다. 이 시대의 능력주의meritocracy는 **능력의 인플레이션**을 감추는 허명일 뿐이다. 관종은 '너는 너 자신 외에 다른 어떤 것도 할 수 없다' 혹은 '너는 너 자신 외에 다른 걸로는 관심 받을 수 없다'는 시대에서만 나타나는 인간의 유형이다. 자기계발·자기PR·자기브랜드·자기경영 등 온갖 자기self가 강요되는 사회가 아니면 관종은 출현할 수 없다. 심지어 자기self만 충분히 강요되기만 했다면 인터넷과 스마트폰이 없었어도 관종은 출현했을 것이다. 그런 점에서 관종은 '나는 뭐든지 할 수 있다'는 자기계발 사회의 난민이다.

그러므로 관종의 출현은 자본주의나 민주주의의 발달과 결코 무관하지 않다. 관심은 전시 가치를 지니게 되어 그 자체 상품이 되고, 또 평준화를 이루어 그 자체 견해가 된다. 관심은 수치심을 소거함으로써 경제와 정치를, 최소한 그를 누리는 방식을 완전히 바꿔 놓는다. 그러니까, 지난 세기에는 더 부끄러운 자가 이겼다. 쪽팔려서 더 저항했기 때문이다. 그러나 이번 세기에는 더 노출하는 자가 이긴다. 쪽팔려서 더 잘 팔리기 때문이다.

20세기가 강박증의 시대였다면 21세기는 편집증의 시대다. 결벽증보다는 노출증이 우세하다. 프롤레타리아트, 자유주의자, 프레카리아트 같은 지난 세기의 주체는 존재에 대한 강박증자들이었고, 그런 의미에서 실존주의자들이었다. 타자에 맞서서 대상이나 주체의 순수성을 어떻게든 지키려 했으니 말이다. 그러나 관종이 지키려는 순수성은 대상이나 주체의 것이 아니다. 순수가 불가능해서가 아니라, 대상과 주체의 대타적 관계가 불가능해서다. 그는 그 자신의 순수성을 지키려고 한다. 관종은 『존재와 무』를 비웃으며, 노출하고 또 노출한다. 그럴수록 자기는 숨길 것이 없이 명명백백해지기 때문이다.

지난 세기의 주체가 존재esse에 대한 결벽증에 시달렸다면, 21세기의 관종은 관심interesse에 대한 노출증에 시달린다. 물론 노출증자는 가능성으로 충만하다. 하지만 그것은 과잉자기성애로서의 가능성, '인스타그래머빌리티'instagramability다. 우리는 이제 제대로 놀지도play 못한다. 우리는 전시display할 수 있을 뿐이다.

아감벤이 말하는 '벌거벗은 생명'(호모 사케르)은 노출증자인 한에서 관심의 패러다임에서도 유효하다. 오늘날 그들은 난민 수용소에만 있는 것이 아니다. 그들은 당신의 트위터와 인스타그램 계정 안에 버젓이 눌러앉아 있다. 우린 모두 어느 정도 관종이다. 관종이야말로 21세기형 벌거벗은 생명이다. 기존 난민과 다른 점이 있다면, 관종은 주권자에 의해 벌거벗겨지는 게 아니라 스스로 벌거벗는다는 것이다. 노출에 관해서라면 관종의 주권자는 자기 자신이다.

오늘날 하이퍼링크의 망망대해에서 누구도 무엇도 숨기지 않는다. 숨길 데도 없고 숨길 수도 없다. **과잉노출된 '나'**는 하나의 단순한 영원진리가 되었다. "모든 진리는 단순하다—그건 일종의 복잡한 거짓말이 아닐까?"[14]

14 프리드리히 니체, 『우상의 황혼』, 송무 옮김, 청하, 1984, 21쪽.

2장
셀프의 시간

출근길. 버스를 기다리며 정류장 부스 위로 얼핏 올려다
본 햇살은 찬란했다. 구름과 얼굴을 함께 걸어 셀카를 찍
고 인스타그램에 포스팅한다. 해시태그. #아침의행복.
점심시간은 근처의 맛집을 찾아간다. 파스타 윤기가 사
라지기 전에 찍고서 다시 포스팅. 해시태그. #점심의행
복. 퇴근 후 한강이 보이는 레스토랑에서 데이트. 점심의
포스팅을 확인하니 얼굴을 걸지 않아서인지 '좋아요' 성
적이 시원찮다. 한강과 도시의 야경을 얼굴과 함께 걸어
다시 찍고 포스팅. 해시태그. #저녁의행복.

　셀카에 찍히는 것은 내가 아니다. 셀카에 찍히는 것

은 '셀프'Self다. '나'라는 자아는 풍경을 흡수할 만큼 여유 있지도, 해시태그가 달릴 만큼 단단하지도 않으므로.

셀프는 관종의 자아이자 초자아고, 충동인 동시에 그 단단한 자의식이다. 사실 기존의 자아 개념은 여전히 존재의 패러다임에 속한다. 그는 너무 반사(반성)reflect하려고 한다. 노출증자가 되기엔 너무 부끄러움을 타는 데다가, 돌아오는 시선에 행여 구멍 나고 해체될까 노심초사 불안해하는 강박증자다. 자아는 좋은 나르시시스트가 아니다. 그는 아직 외부에 타자의 자리를 남겨 놓는다. 반면 셀프는 반성을 모른다. 자기를 노출하는 데에 거리낌이 없고, 시선에 해체될까 불안해하지도 않는다. 또한 자기계발·자기경영·자기PR·자기모니터링·자기정량화 등 현대사회의 온갖 '자기'self에 단련되어 충분히 단단하다. 그는 좋은 나르시시스트다. 시선은 그를 더더욱 우수한 셀프로 응결시키므로, 그는 외부에 타자가 있음을 점점 더 알지 못한다. "1년 365일의 모든 시간이 자기의 자유시간이 되어야 한다. 그것은 **나의 시간**이다."[1]

1 서동진, 「자기계발의 의지」, 『자유의 의지 자기계발의 의지』, 돌베개, 2009, 343

자아와 셀프의 가장 큰 차이는 시간성이다. 자아에게 시간은 흐른다. 그는 존재했으므로 죽을 수도 있다. 반면 셀프는 죽을 수 없다. 그의 시간이 무한정해서가 아니라, 반대로 그에게 어떤 시간도 주어지지 않아서다. **셀프는 소멸할 줄 모른다. 로그아웃될 뿐.** 그에게 시간은 #아침의행복·#점심의행복·#저녁의행복과 같은 동일한 단위를 동일하게 반복하며 정지되어 있다. #는 어제와 내일을 동일한 현재로 만듦으로써, 어제와 내일을 삭제한다. 셀카에 개입하는 시선들, 댓글, 좋아요, 팔로우, 리트윗이 이 정지를 막지는 못한다. 그런 것들은 사이–존재 inter-esse로서 정지된 시간의 내부적 관계망을 이루어 정지를 더 살찌울 뿐이다. 셀프는 대상과 양립할 수 없다. 셀프는 그와 더불어 존재했던 어떤 현실도 대상의 자리에서 뿌리 뽑아 정지된 시간 내부로 편입시키고 인테리어 장식물로 진열해 놓는다. 아무리 아름다운 풍경이나 맛있는 음식도, 아무리 낯선 대상도 이 정지를 방해할 수

쪽. 강조는 인용자. 자기계발 패러다임에 대한 최고의 분석서다. 신자유주의와의 연계성을 고찰하는 2장도 보라.

없다. 외려 낯선 대상은 셀프의 인테리어를 더 이국적으로 꾸며 준다. #보라카이의행복.

셀카가 현실도피라고 말하는 것으로는 부족하다. 우린 더는 부서지지 않을 단단한 현실을 살아 보기 위해서 셀카를 찍는다. 셀카가 일상의 찬양인 것도 아니다. 셀카가 찍힐수록 일상은 타자성을 잃는다. 셀카는 일상을 꾸미는 게 아니다. 반대로 일상이 셀카를 꾸미는 데 동원된다. 셀카를 구경하러 오는 팔로워들은 이 단단한 시간 단위 밖에 남아 있는 타자들이 될 수 없다. 일반적으로 '좋아요'는 "타자를 동일자로 환원"하고 "존재로부터 타자성을 제거"[2]하는 탁월한 방식이다. **'좋아요'는 타자의 언어가 아니다.** 반대로 '좋아요'는 셀프의 시간을 더더욱 응고시키는 접착제로 기능한다.

극한의 경우, 구경꾼마저 필요 없어진다. 팔로워가 1~2명에 불과하거나 아예 없을 때조차, 셀카 찍는 사람이 스스로 관객이 됨으로써 셀프의 폐쇄회로는 완성될

---

2 에마뉘엘 레비나스, 『전체성과 무한』, 김도형·문성원·손영창 옮김, 그린비, 2018, 44쪽. 레비나스는 타자의 무한성과 동일자의 전체성을 대립시킨다. '좋아요'는 전체성의 언어라고 할 수 있다. "타자는 전체화되지 않는다"(31쪽).

수 있다. 이제 노출과 전시는 셀프의 습관이 되었고, 습관은 본능이, 본능은 무의식이, 무의식은 운명이 되었다. 원리상 셀프의 무대에 객석은 따로 없다. 거기엔 시간 자체가 없다.

사르트르는 현존재의 시간을 동시성simultanéité으로 설명한다. 그것은 타자가 자기를 시간화하는 한에서 자아가 그에 대해 시간화되는 그런 "동시성의 체험"이다. 그러나 이건 어디까지나 타자가 있을 때 얘기다. 타자를 결여한 셀프의 시간에 소속하는 다양한 요소들(댓글·팔로워·좋아요…)은 "동일한 체계에 소속하기 때문에 동시적이 아니다".[3] 셀프의 체계는 동시적이지 않다. 그것은 순간적instant이다. 더 엄밀히 말해서, 셀카는 동시적으로 접속하는 모든 참여자들을 하나의 부서지지 않는 순간으로 응고시킨다. 셀카는 그와 동시적인 모든 것의 나르시시즘적 순간화다. 여기엔 어떤 외부도, 대상도, 타자도 있을 수 없다. 그들은 모두 순간 내부로 미장센되었다.

셀프의 시간은 영영 파괴되지 않는 '순간'instant이다.

3 장폴 사르트르, 『존재와 무 I』, 손우성 옮김, 삼성출판사, 1997, 3부 1장 4절, 455쪽.

그것은 존재한 적이 없으므로 소멸할 수도 없는, 시간의 단일한 원소다. 셀프는 순간소, 문자 그대로의 인스타-그램instant-gram이다. 셀카 중독은 순간 중독이다.

순간성은 역사도 지운다. 시마노프스키에 따르면, SNS의 인스턴트 저널리즘은 끊임없이 역사를 추방해 왔다. 그는 "내러티브"와 "에피소드"를 구분한다. 역사는 내러티브인 반면, 순간은 에피소드다. 내러티브는 제3자의 반성을 통해 재구성되는 것이지만, 에피소드엔 제3자 같은 타자가 없고, 고로 반성 자체가 없다. 포스팅되고 업데이트될 뿐이다. 셀카엔 후회도 분노도 없다. '좋아요'와 '싫어요'가 있을 뿐이다.[4] 셀프의 순간성은 타자를 추방함으로써 역사도 추방한다. **대상을 지움으로써 시간 자체를 지운다.**

사람들은 인터넷과 스마트폰에 의한 '디지털 기억상실'을 이야기하지만, 관종은 디지털 기억상실을 직접 수행해야 하는 운명에 처해 있다. 기억은 대상들의 집합이

---

4 Roberto Simanowski, "Automatic Autobiography", *Facebook Society: Losing Ourselves in Sharing Ourselves*, trans. Susan H. Gillespie, Columbia University Press, 2018. pp.62~83.

다. 기억은 순간과 양립할 수 없다. 그러니까, 관종에게 시간과 행복은 양립할 수 없다.

'인증샷'의 유행은 기억과 아무 상관이 없다. 거꾸로 인증샷은 기억과 시간의 부재에 대한 반응이다. 말하자면 지난 세기, 존재는 인증될 필요가 없었다. 타자와의 관계 속에서 느껴지는 시간의 흐름이 충분한 존재 증명이었으니까. 반면 오늘날 시간은 더 이상 흐르지 않는다. 업데이트될 뿐. 타자도 없다. '좋아요'가 있을 뿐. 불안도 죽음도 없다. 친구 차단과 로그아웃이 있을 뿐. 이번 세기, 존재는 존재할 필요가 없어져서 인증한다.

"행복회로"라는 인터넷 신조어는 의미심장하다. 셀프에서 일상의 모든 것은 대상성을 잃고서 순간 안에서 돌고 돌며, 죽을 수는 없고 확장할 수만 있는 자폐회로를 형성한다. '대리 뮌하우젠 증후군'은 지난 세기에 명명된 질환이나, SNS의 발달과 함께 비로소 대중화되었다고 말할 수 있다. 2014년 레이시 스피어스는 다섯 살짜리 아들에게 몰래 소금을 먹이기 시작했다. 그리고 아들이 시름시름 앓고 입퇴원을 반복하다 의식불명 상태에 이르러 사망진단을 받을 때까지의 과정을 페이스북에 상세히 포스팅했고, 그녀가 하는 짓인 줄도 모르고 쏟아지는 페이스북 응원 댓글들, 병상에서 죽어 가는 아들의 인증샷, 함께 찍은 셀카, 헌신적으로 병간호를 하는 이상적 어머니상이 결합된 행복회로를 건국하였다. 어떤 의미에서 레이시 스피어스는 아들에게서 타자성(대상성)을 박탈하기 위해 소금을 먹였다. 그녀는 타자는 행복회로의 순간에 입장할 수 없음을 너무 잘 알고 있었다. 일반적으로 죽음은 이 회로를 중단시킬 수 없다. 죽음도 대상이기 때문이다. 하지만 죽음은 숭고한 대상이다. 죽음이 셀프의 순간으로 흡수되었을 때 그 회로는 최대로 확장된다. 죽음은 셀프의 회로를 중단시키기는커녕 완성한다. 관종은 가장 찬란한 한순간만을 취하고 나머지 모든 시간을 폐기처분할 줄 아는 주권적 인간이다. 아들이 사망한 뒤에도 레이시 스피어스는 페이스북에 다음과 같이 포스팅했다. "나는 이제 어디도 똑같질 않겠지. 그날 아침에 나는 너와 함께 죽은 거야. 너는 내 삶의 목적이자 이유였어."

우린 모두 대리 뮌하우젠 증후군 환자를 주권자로 모시는 '벌거벗은 생명'이다. 또 꽤나 많은 경우 그 주권자는 우리 자신이다. 관종은 그 자신의 호모 사케르, 차라리 셀프-호모-사케르다. 관심의 시대에 벌거벗은 생명은 셀프의 행복회로에 감금되어 있다. 전시되고 팔로우되지 않고는 살 수도 죽을 수도 없다. **우리는 셀카에서 태어나서 셀카에서 죽는다.**

소통방식이 조금 달라진다고, 친구맺기의 상하한을 조정하거나 콘텐츠 노출 범위를 제한한다고 해서 행복회로를 빠져나갈 수 있는 것은 아니다. SNS에선 소통 자체가 셀프를 창출하기 때문이다. 먹방·쿡방·술방·겜방·공방·뷰방에서 BJ가 접속자들이 원하는 활동을 대신해 주는 방식이, 페이스북 포스팅에 친구들이 좋아요(👍)를 누르거나, 트위터 코멘트에 이웃이 멘션(@)을 달거나, 인스타그램 셀카에 팔로워가 해시태그(#)를 공유하는 방식과 본질적으로 다르다고 볼 수 없다. 모두 셀프를 꾸미고 순간 밖으로 타자성을 추방하는 회로이기 때문이다. 모바일 SNS의 진화로 오프라인과 온라인의 시차가 없어지면서 증명이 더 필요해지는 것은 동시성이 아니라 순간성이다. 채팅창의 행과 행, 댓글과 대댓글, #와 @가 꼬리에 꼬리를 물고 순환하며 넓혀 가는 회로, 그것이 곧 셀프의 한 순간이다.

셀프의 단위는 개인 계정, 홈페이지, 갤러리, 커뮤니티 등으로 변할 수 있지만, 그것은 여전히 셀프다. 1대1의 '좋아요'가 회원가입으로 바뀔 뿐, 다 같은 순간화의 링크이기 때문이다. 외려 집단이 이루는 커뮤니티형 셀프가 더욱 자폐적이 될 수 있음을 우린 자주 목격한다. 셀프는 순간화에 의한 탈역사적 일체감, **하이퍼링크에 의한 과잉된 일체감**hypersense of unity이지, 1명이든 100명이든 천만 명이든 그 멤버 수와는 아무 상관이 없다.

셀프가 향유하는 순간 안에 어떤 반사적 형식 Re-도 있을 수 없다. 그 안에서 시간은 **동일하고도 유일한 중심**을 돌고 돌면서 뻗어 나가며 동심원을 확장해 나갈 수 있을 뿐이다. Re- 자가 붙은 모든 술어, 반성reflect, 후회remorse, 책임respond, 거절reject, 존중respect, 저항resist 등은 본질적으로 무력하거나, 회로를 망가뜨릴 수 있으므로 무력화된다. 댓글reply의 Re-조차 Re : Re : Re : Re…의 무한연쇄 속으로 흩어질 뿐이다. 셀프의 타임라인은 반성re-flect되지 않는다. 축적ad-cumulate되고 진행pro-ceed될 뿐이다. 그래도 Re-가 하나 남아야 한다면 그것은 셀프가 확장의 책임responsibility을 덤터기 쓸 때뿐이다. 셀프의 회로 안에서 반사적 형식 Re-를 대체하는 것은, 결코 저항받지 않는 직선적인 형식 Ad- 혹은 Pro-다. 관종의 언어와 도덕은 모두 이 직선적 형식에 지배된다. 관종은 아무것도 지시하지referent 않는다. 그는 드립친다adlib. 관종은 뒤돌아보지reflect 않는다. 그는 전진한다advance. 관종은 복구하지revert 않는다. 그는 광고한다advertise. 관종은 휴식하지recess 않는다. 그는 접근한다access. 관종은 거부하지reject 않는다. 그는 기획한다project. 관종은 존중하지respect 않는다. 그는 조사한다prospect. 관종은 책임지지respond 않는다. 그는 전파한다propagate. 관종은 대표하지represent 않는다. 그는 기소한다prosecute. 관종은 개혁하지revise 않는다. 그는 임시변통한다improvise….

　셀프의 순간은 '나는 할 수 있다'라는 가능성의 과잉 팽창이다. 그 직선적 형식 Pro-의 최종 술어는 '증명'prove이다. 반사적 형식 Re-의 최종 술어 '저항'resist은 아무것도 증명하지 못하므로 폐기된다. 증명의 실천이 바로 '인증샷'이다. 그것은 어떤 반성과 저항에 의존하지 않고도 순간회로의 양끝을 이어 붙인다. 관종이 빈둥빈둥 놀고 먹는 인간이라고 생각하면 오산이다. 강박증적 주체를 짓눌렀던 임무만큼이나 무거운 임무가 관종에게 짐 지워져 있다. 그 형식이 반사적이지 않고 직선적일 뿐. 즉 지난 세기의 주체가 저항해야 했다면, 오늘날 **관종은 증명해야만 한다.** 자신이 얼마나 많은 것을 할 수 있고 또 이미 누리고 있는지, 그래서 어떤 저항과 억압도 없이 자신이 얼마나 행복한지, 무엇보다도 그 행복이 이 순간 얼마나 완벽한지를. 그 자신이 얼마나 완벽한 셀프인지를. 관종은 증명해서 만인에게 보여 주어야 한다. 아니면 그는 죽은 거나 다름없다.

셀카는 셀프의 증명이다. 셀프를 증명한다는 것은 순간의 완벽함을 증명하는 일이다. 그러므로 셀카는 완벽한 현실의 증명이다. 이보다 더 가혹한 형벌이 있을까.

사이버 비평의 선구자 아서 크로커는 인터넷 공간의 지배계급을 '가상계급'virtual class이라고 불렀다.[5] 셀프는 우리 안의 가상계급이다. 순간은 그의 지배 방식이다. 행복회로는 그 경제 체제고, 증명은 그 노동이다. 즉 셀프

5 Arthur Kroker & Michael A. Weinstein, *Data Trash: The Theory of Virtual Class*, St. Martin's Press, 1994, p.83. "가상성에의 의지(will to virtuality)에 따라 스스로 존재한다."

는 관종을 순간으로 지배한다. 행복하게.

　관종은 고독하다. 그는 순간만을 살아가며, 순간은 자기충족적이기 때문이다. 그는 어제도 내일도 없는 '영원한 현재'nunc stans에 갇혀 있다. 이때 행복은 다른 어떤 것에 의해서도 침투될 수 없을 것이나, 바로 그 때문에 그건 편집증자가 향하는 우울과 본질적인 차이를 가지지 않는다. 이미 많은 이들이 지적했듯이, 멜랑콜리melancholy와 우울증depression은 구분된다. 멜랑콜리는 대상의 상실이 자아의 상실로 전환된 상태다. 멜랑콜리는 지난 세기의 질환이다. 적어도 그것은 자아와 대상의 관계를 전제한다. 반면 우울증은 그런 대타적 관계를 전제하지 않는다. 우울증엔 아예 대상도 자아도 없다. 그것은 세계 자체를 잃은 상태다. 그러니까, 우울은 삶의 어떤 순간이 불완전할 때가 아니라, 반대로 하나의 순간이 너무나 완전해질 때 발병한다. 우울증은 순간병이다. 순간이 완성될 때 대상은 완전히 소거된다. 순간 안에서 셀프가 느끼는 자족감은 슈레버 판사가 세계의 절멸 앞에서 느꼈을 절대적 고독감과 구분되지 않는다.

　관심이란 무중력 공간의 우주인이 매달린 생명선 같

은 것. 그에겐 두 가지 선택지만이 있다. 생명선을 붙들고 순간 안으로 피신하여 덜 죽거나, 아니면 생명선을 놓고서 공허 속으로 흩어져 더 죽거나.

우울증은 셀프의 독점물이다. 이는 회사와 집에서도 사실인 것처럼, 인터넷과 SNS에서도 사실이다. 그렇다면, 최악의 경우 인터넷과 SNS는 최고의 우울증 인큐베이터가 된다. 이때 우울증은 관종이 셀프이기를 선택한 대가이고, 관종이 순간 안에 입주하며 지불하는 집세다. 또 순간의 내벽을 각종 현실로 꾸미며 지불하는 인테리어 비용이다. "우울증은 나르시스의 숨겨진 얼굴이고, 그를 죽음으로 몰아가는 얼굴이지만, 신기루 속에서 자기도취에 빠져 있을 때는 그가 보지 못하는 얼굴이다."[6]

21세기 인터넷 시대의 제일도덕은 '저항'이 아니라 '증명'이 되었다. 무한정한 하이퍼링크의 네트워크 속에서 이제 우리는 우리 자신이 얼마나 많이 누리고, 많이 행복한지 만인 앞에 증명해야만 한다. 즉 각자가 셀프임

---

6 줄리아 크리스테바, 「우울증 다스리기: 정신분석」, 『검은 태양』, 김인환 옮김, 동문선, 2004, 16쪽.

을 증명해야만 한다. 하지만 바로 여기가 우울증이 태동하는 곳이다. 셀프의 증명은 순간의 완성을 의미하며, 순간의 완성은 대상의 절멸을 의미하므로. 순간은 모든 관계의 종말이다. 해시태그는 구세주가 될 수 없다. 아마도 경찰은 될 수 있을지도. 레이시 스피어스는 아들의 사망 4달 뒤에 체포되었다. 그녀가 순간의 실입주자였고, 아들의 죽음까지 자신의 죽음과 동일시할 수 있는 진정한 셀프였다면, 적어도 경찰은 그녀의 자살은 막은 셈이다.

3장
골방 스펙터클

『스펙터클의 사회』에서 기 드보르는 스펙터클이 자본주의 최후의 상품이라고 말한다. 그것은 분명 상품이다. 통조림이 그러하듯 스펙터클은 역사를 지우고, 노동과 생산의 구체적 시간을 구매와 소비의 추상적 시간으로 꾸며 놓는다. 다른 점이 있다면 통조림은 물질이고 운동성이 최소화되어 있는 반면, 스펙터클은 빛이고 운동성이 극대화되어 있다는 것이다. 그래서 기 드보르는 현상학의 용어를 빌려, 이런 변천은 "존재로부터 소유로" 퇴행하는 초기 국면과 다시 "소유에서 보임"으로 이행하는 최종 국면으로 이루어진다고 쓴다.[1] 여기서 '보임'paraître이란 시각에 드러남, 즉 빛남Erscheinung이다. 스펙터클의 시대는 노출과 전시의 시대인 것이다. "보이는 것은 좋은 것이며, 좋은 것은 보이는 것이다."[2]

기 드보르는 오늘날 대두된 패러다임 전환을 일찍이 도 목격했던 것 같다. 게다가 그의 분석이 아직까지 유효 한 것은 그가 스펙터클을 단지 어떤 대상이 아니라, 대상 과 대상을 잇는 관계, 즉 네트워크로 이해하고 있다는 점 이다. "스펙터클은 이미지들의 집합이 아니라, 이미지들 에 의해 매개된 사람들 간의 사회적 관계다."[3] 게다가 그 것은 빛의 네트워크다. 그것은 공장과 가정, 생산 영역과 소비 영역 같은 문턱을 뛰어넘어 펼쳐지며 빛의 자율적 체계를 구축한다. "스펙터클은 그 자신의 산물이며, 스스 로가 자신의 규칙을 상정한다. 스펙터클은 **자신의 모습을 있는 그대로** 드러낸다."[4] 즉 스펙터클은 스스로 빛을 방출 하고 빛을 빨아들이는 체계, 빛을 자기계발하고 빛을 자

---

1 기 드보르, 『스펙타클의 사회』, 유재홍 옮김, 울력, 2014, 17절.
2 앞의 책, 12절.
3 앞의 책, 3절.
4 앞의 책, 25절.

기경영하는 체계다. 고로 아무리 변화무쌍해 보여도 스펙터클은 "영속적 현재"présent perpétuel[5]를 동어반복하는 순간 안에 있으며, 반대로 순간적인 모든 것은 스펙터클할 수 있다. 기 드보르는 스펙터클이 꼭 놀이공원·영화관·백화점·거대도시 같은 대규모 이미지에만 있는 게 아니라, 일상의 세세한 부분까지 될 수 있다고 누누이 강조한다. 실제로 이 책에서 '사회'를 인터넷으로, '스펙터클'을 셀카로, '인간'을 관종으로 읽어도 거의 무방하다. "그가 이미지들 속에서 자신의 모습을 발견하면 할수록 무엇이 진정한 삶이고 진정한 욕망인지 알 수 없게 된다"[6]는 것은 20세기의 백화점 진열장에서나, 21세기의 페이스북 타임라인에서나 똑같을 테니 말이다.

요컨대 스펙터클을 정의하는 것은 화려하고 거창한 내용이 아니라, 아무리 소소하고 시시콜콜한 내용이더라도 스스로 빛나게 하는 '자기 자신'self이라는 형식에 있다. **모든 스펙터클은 셀프다. 반대로 모든 셀프는 스펙터클**

---

5 앞의 책, 126절.
6 앞의 책, 30절.

이다. "스펙터클은 자신lui-même 이외의 그 어떤 것도 추구하지 않는다."[7]

유튜브 개인방송의 모토는 '인생이 콘텐츠다'이다. 현대사회는 디즈니랜드, 블록버스터 영화, 대형 콘서트 같은 광장의 스펙터클뿐만 아니라 인터넷 개인방송, SNS 셀카, 핸드폰 게임 같은 골방의 스펙터클로 채워지고 있다. 공공의 스펙터클이 사적 스펙터클로 대체되어 감에 따라, 광장 역시 골방들의 채널로 분해되어 해체되어 간다. 이제 스마트폰이 비추는 모든 곳이 무대이고 스튜디오지만, 그럴수록 관심을 끈다는 것은 점점 더 가혹한 노동이 되었다. 사람들은 인기를 끌 만한 자신의 재능을 뒤져 가며 인터넷 자기소개서를 쓴다. 춤이나 노래, 게임이나 요리, 심지어 잘 먹는 식성 등 조회수를 올릴 만한 모든 아이템이 허용되지만, 경쟁이 과열되어 막장이나 패드립으로 치닫기도 한다. 더 튀는 셀카 한 장을 찍으려고 맨손으로 고층빌딩을 기어오르기도 하고, 더 센 먹방을 하려다가 질식사 하기도 한다. 아직 이목을 끌 만한 게

7 앞의 책, 14절.

없는 초등학생들은 설거지를 하거나 잠들어 있는 엄마를 몰래 찍어서 유튜브에 올린다. 어떤 경우에서도 행동은 공적 광장에서 개인에게 요구되는 '시민의 도덕'이 아니라, 각자의 사적 공간에서 개인 스스로가 자발하는 '셀프의 의지'에 따라 움직인다.

한마디로, 골방 스펙터클은 광장 스펙터클을 **민영화**했다. 이제 어떤 광장도 나의 무대가 되며, 나 자신은 그 경영자이자 노동자, 모델이자 스태프가 된다. 골방 스펙터클은 **셀프 스펙터클**이다. 셀프는 이제 내 공간에, 내 주위에, 내 방 안에, 심지어 내 몸속에도 있다. 내 말, 내 행동, 내 표정, 내 정신과 육체 자체가 관심거리가 되며, 내 자신이 한편의 영화가 되고, 내 삶이 TV 속 한 장면이 된다. 스마트폰을 들고 다니는 오늘날, 우리는 극장을 지고 다닌다. 여기엔 외부가 따로 없다.

스펙터클은 그저 환영이 아니다. 그것은 퓨빙phubbing이 실재적인 만큼 실재적이다. 거꾸로 스펙터클은 인생을 환영으로 만들며, 인생은 스펙터클의 콘텐츠가 된다. 또 그것은 광장 스펙터클보다 골방 스펙터클에서 더 분명하다. 광장 스펙터클은 그나마 일상의 외부를 접하므로 그건 적어도 타자 스펙터클이었다. 하지만 골방 스펙터클은 일상의 내부를 점하는 더 직접적인 스펙터클이다. 광장 스펙터클이 적어도 타자의 이미지에 의존하고 있었다면, 골방 스펙터클은 그런 타자가 필요조차 없는 것이다. 그런 점에서 광장 스펙터클이 강박증적·반복적·히스테리적이라면, 골방 스펙터클은 더 편집증적·노출증적·포르노적이라고 할 수도 있으리라.

20세기 종군 기자들이 찍은 학살된 시체의 사진은 타인의 고통과 죽음까지 구경거리가 되어야만 하느냐라는 윤리적 문제에 봉착했었다. 윤리학은 으레 타자를 만나는 공적 공간으로서의 광장을 모델로 하며, 사진은 아직 광장의 예술이었기 때문이다. 그러나 오늘날의 스펙터클은 그런 문제를 벗어나 있다. 거기엔 광장의 윤리학이 적용될 타자의 자리가 아예 남아 있지 않다. 뷰티필터 앱으로 정체성을 바꾼 BJ, 장애인이나 환자를 가장한 유튜버들의 사례에서처럼, 오늘날의 스펙터클은 타자를 낯선 것으로 이화시키는 방식이 아닌, 거꾸로 타자를 사유화하고 내수화하여 동화시키는 방식으로 만들어진다. 차라리 '스펙터클이 타자를 집어삼킨다'라고 말할 수 있는 사태다.

골방 스펙터클의 폭력성은 여기에 있다. 그나마 타자를 전시하던 광장 스펙터클과 달리, 골방 스펙터클은 **타자 소거의 스펙터클**이다. 그것은 타자가, 또 내 안의 타자가 소유 가능하고 처분 가능한 사유물임을 증명하는 스펙터클로서, 타자의 소거 가능성 자체를 전시한다. 2016년 10월 중국, 소년 다섯 명이 인터넷 스타가 되려고 칼을 들고 거리를 활보하다 결국 서로를 찔렀다. 2019년 3월 뉴질랜드, 한 백인 우월주의자가 이슬람 사원에 기관총을 난사하며 17분간 페이스북 생중계를 했다. 그는 비명과 선혈, 50명의 죽음으로 '백인 정체성'의 셀프를 살찌우고 체포되었다. 같은 해 7월 뉴욕, 한 17세 소녀가 살해되었고 살인범은 그녀의 시신을 인스타그램에 포스팅했다. 그는 검거되기 전까지도 시신을 촬영하여 온라인에 올리고 있었다. 사건 이후, 2000명 정도였던 소녀의 인스타그램 팔로워가 16만 명 이상으로 늘어났다. 그녀는 죽어서 인플루언서가 된 셈이다. 정말 셀프에 삼켜져 동화된 것이다. 오늘날 스펙터클은 타자의 죽음을 먹고 자라난다. 셀프가 그 수혜자다. 2017년, 죽어 가는 여동생을 인스타그램 생중계하며 그 미국 소녀가 계속해서 했던 말은 "내가 씨발 미안하다"I'm fucking sorry였다. 아직 '내' 가 있다. 셀프는 삶이 끝나도 끝나지 않는다. 그에겐 삶 이 콘텐츠인 만큼 죽음도 콘텐츠다. 셀프 스펙터클은 "결 코 지지 않는 태양"[8]이다. 그 찬란함이 타자의 모든 그늘 을 지운다.

물론 기 드보르는 지난 세기의 작가다. 그는 스펙터 클이 인간의 진짜 모습을 은폐한다고 보았고, 마르크스 주의의 패배를 인정하면서도 새로운 유형의 프롤레타리 아트가 가능하리란 희망을 버리지 않았다. 기 드보르는 스펙터클의 해악은 인간으로부터 "직접 경험된 시간을 제거"하는 데에 있고, 저 새로운 주체는 "역사적 시간을 직접 경험"[9]하려는 주체일 것이고, 그 조건을 탈환하는 주 체일 거라고 썼다. 기 드보르는 '직접성'을 믿는다는 점에 서 존재의 패러다임에 남아 있다. 그는 여전히 존재의 직 접성을 믿는다(이는 그가 상황주의 운동에 뛰어든 것과 무

8 앞의 책, 13절.
9 앞의 책, 142절~143절.

관치 않다).

　그러나 최근의 발전에 비추어 볼 때, 그의 이런 믿음은 무색해 보인다. 오늘날 골방 스펙터클은 간접적이지 않고, 직접적 경험의 차원을 구성하고 있다. 간접성이란 제3의 타자, 그리고 반성의 형식 Re-를 전제한다. 간접성은 광장의 윤리다. 그것은 타자를 마주치는 공간의 형식이다. 그러나 제각각 소통하는 SNS엔 그런 제3의 중개자나 번역자가 없다. 인터넷 방송 역시 접속자들의 욕구를 즉각적으로 대행한다는 점에서, 거기서 소통을 간접적으로 만들 어떤 불일치를 찾기는 어렵다. '좋아요'가 이미 최고의 직접화법이다. 요컨대 골방 스펙터클엔 관심을 간접적이도록 할 외부가 없다. 광장이 없기 때문이다. 소통의 직접성은 모든 Re-의 철폐로 이어진다. 무엇보다도 **직접성은 존중respect을 죽인다.** 인간과 생명에 대한 존중심을, 나아가 **실재 자체에 대한 존중심**마저 죽인다. 존중심의 상실은 공공성의 붕괴를 초래하고, 이는 역설적으로 다시 사적인 것의 파괴로 이어진다. 그러니까, 골방 스펙터클이 타자를 민영화privatize할수록 세계는 박탈된다deprive. 오늘날 우리는 타자의 고통과 현실에 점점 무감해져 간다. 그것이 내가 직접적으로 연루되지 않은 한낱 이미지라서가 아니라, 반대로 세계를 한낱 이미지로 만드는 나의 직접적인 일부가 되었기 때문이다. 문자 그대로 '존중're-spect에서 Re-가 제거된 것이 '스펙터클'spect-acle이라면, 누군가에겐 처참한 비극일 몰카나 테러 영상이 그저 눈요깃거리로 SNS 타임라인에 유통되는 오늘날, 우리는 이미 직접성의 폭주를 경험하고 있는 것이다. 기 드보르의 진단과 처방과는 달리, 날이 갈수록 골방화되는 스펙터클의 윤리적 문제는 **직접성의 과잉**에 있지, 결코 직접성의 부족에 있지 않다.

그 초창기에 인터넷 찬성론자들은 '원격현전'telepres-ence이 가져올 경제적이고 민주적인 효과에 들떠 있었고, 그것을 하버마스주의자들이 말하는 "공론장"public sphere에 비견하기도 했다. 하이퍼링크로 텍스트들이 연결됨에 따라 누구나 어디서도 정보에 접근할 수 있고, 또 누구나 어디서도 견해를 낼 수 있으므로 현전의 직접성이 확장되고 또 민주화된다는 것이다. 그러나 오늘날 목도하는 사태는 그런 희망과는 거리가 멀어 보인다. 말의 원격현전은 공론장을 파괴시킨다. 사사로운 정보나 의견이 너무 많아져서가 아니라, 반대로 사사성privacy 자체를 파괴하기 때문이다. 실상 SNS는 사생활을 증진하기는커녕 아예 없애 버린다. 또한 인터넷엔 비밀이 없다. 인터넷엔 무의식 자체가 없다. 사사성이 파괴되니 공공성도 있을 수 없다. 원격현전은 대상이 현전할 사적 공간을, 나아가 모든 사적인 것을 파괴하는 경향이 있다. 원격현전에 의한 직접성은 직접성을 파괴한다. 그러니까, **원격직접성은 자기파괴적self-destructive이다.** 가장 큰 피해자는 가장 사사로운 것, 즉 셀프 자신이다. 디지털 찬양론자 네그로폰테는 "진정한 개인화personalization가 다가오고 있다"[10]며 노래했지만, 그와 함께 파괴의 개인화도 다가오고 있다.

원격현전되는 것이 정보나 의견이 아니라 스펙터클이면 어떨까? 사정은 마찬가지거나 그보다 더할 것이다. 빛은 말보다 빠르므로. 실제로 SNS 하이퍼링크를 따라 서로에게 원격현전되는 셀카는 셀프를 고유하게 만들기는커녕 점점 더 평준화하고 동질화함으로써 그를 파괴한

---

10 니콜라스 네그로폰테, 「정보화 시대 이후」, 『디지털이다』, 백욱인 옮김, 커뮤니케이션북스, 1996, 156쪽.

다. **진짜 셀피사이드는 셀프의 획일화다.** 이때 셀카에서 개인은 마치 관심에 의해 정형화된 이상적 모델을 대행하는 아바타처럼 행동하고 말하고 또 존재한다. 그래서 인터넷 스펙터클의 가장 큰 문제는, 드레이퍼스의 에리한 통찰대로 "지루함"boredom이다.[11] 이는 정치적 무력증이나 혐오범죄의 창궐과도 결코 무관치 않다.

일반적으로 **대행** 혹은 **대리**는 인터넷 스펙터클의 가장 핵심적인 원격현전 방식이다. 개별 셀카가 이상적 셀프를 대리하는 것처럼, 인터넷 개인방송에서 BJ들은 시청자들의 셀프를 대리한다. 먹고 입고 여행하고 게임하고 공부하고 연애하고 심지어 증오까지 대행하며 접속자들의 삶을 **대신 산다.** 직접성은 충만하나 그것은 진짜 대상은 삭제하는 직접성이다.

실제로 셀프는 대행의 직접성을 증명하기 위해 가장 사사로운 것까지 노출하고 방기하고 또 학대해야 한다. 특히 육체가 그렇다. '좋아요'만 눌러 주면 시키는 대

---

11 휴버트 드레이퍼스, 「정보 고속도로의 허무주의: 현시대에서 익명성과 헌신의 대립」, 『인터넷의 철학』, 최일만 옮김, 필로소픽, 2015, 138쪽.

로 다 해준다는 '대신맨'이라는 콘텐츠로 인기를 끌었던 한 한국 BJ는 정말 시키는 대로 자동차에 깔리고, 젖꼭지에 불을 지르고, 표백제를 마셨다. 이런 대리 행위가 조작이냐 아니냐는 논쟁이 대행의 직접성에 대해 훼손하는 건 아무것도 없다. 오히려 대행의 완벽한 직접성이 요구되기 때문에 그런 논쟁이 벌어지는 것이다. 정말이지, 셀프는 이제 남의 존재에 원격 재택근무 한다. 셀프 스펙터클은 대상이 현전할 사적 공간을 파괴함으로써만 볼거리가 된다. 극단적으로, 셀프 스펙터클은 셀프의 육체를 파괴해서 가장 화려해진다. 그 궁극적 귀결은 우울증이다. '대신맨'을 자처하던 저 BJ는 2018년 우울증을 호소하며 자살 방송을 시도했다. 오늘날 대신 사는 것과 대신 죽는 것은 호환 가능하다. 대행의 직접성에 의한 민영화는 결국 모든 사유물을 파괴한다. 셀프 자신의 것까지도. 그 **세계에 대한 감각**까지도.

최악의 경우, 대행의 직접성에 익숙해진 주체에게 사회적 재난과 위기조차 또 하나의 골방 스펙터클로 나타난다. 진짜 대상이 소실됨에 따라, 사회도 '나의 대행자'로 나타나기 때문이다. 아울러 사회와 정치의 분리도

일어난다. 문제 해결을 위해 국가라는 두 번째 대행자가
이어서 소환되기 때문이다. 2014년 한국, 304명의 생명
과 함께 배가 침몰하였다. 구조 작업에 실패한 정부는 애
먼 선박 소유주를 검거하기 위해 3만 명 이상의 검경요원
들을 동원하여 대대적인 수색 작전을 펼쳤고, 이는 2주
일 동안 안방으로 핸드폰으로 '스펙터클하게' 중계되었
다. 그러나 그의 핵심 혐의는 탈세 및 횡령으로서 참사의
원인과는 거리가 먼 것이었다. BJ만 '대신맨'인 게 아니
다. 서동진은 오늘날 너무 다채롭게 공급되고 있는 공공
의 대신맨들(국가·의회정치·인터넷·포퓰리즘…)에게 모
든 인식과 실천을 맡겨 놓고는 객체 없는 주체성의 스펙
터클에 안주해 버리는 작금의 정치 형태를 비판했다. 대
행의 직접성은 **"세계 없는 세계"**를 만들어 주체로 하여금
"원인과 대면하는 것을 회피하도록 한다".[12]

기 드보르가 직접성에 매달림으로써 찾으려고 했

---

12 서동진, 「말해질 수 있는 것과 말해질 수 없는 것」, 『변증법의 낮잠』, 꾸리에북스,
2014, 209, 215쪽. 강조는 인용자. 세월호 이후의 정치에 대한 서동진의 줄기찬
논지는, 정치의 회복은 곧 대상의 회복이라는 것이다. "정치의 윤리화란 주체를
규정하는 일은 대상을 규정하는 일과 다르지 않다는 것을 뜻한다"(209~210쪽).

던 것은 아마도 스펙터클의 잠재적 외부일 것이다. 주체가 여전히 '존재'하고, 참된 소통이 여전히 '존재'하는 그런 바깥 말이다. 그러나 바깥은 간접성의 장소이지, 직접성의 장소가 아니다. 바깥은 외려 직접성과 대립한다. 존중은 바깥의 덕목이다. 직접성은 존중을 살해한다. 삶에 대한 존중뿐만 아니라, 실재 자체에 대한 존중을. 오늘날 골방에서 진행되는 스펙터클의 모든 윤리적·정치적 문제는 존중respect과 반성reflect을 가능하게 할 Re-의 간접성, 즉 **대상성의 상실**에 있지, 결코 직접성의 상실에 있지 않다. 직접성은 이미 너무 많다. 그런데도 직접성에 호소하는 기 드보르의 처방은 오늘날 골방에서 배양되고 있는 생명 경시와 현실 경시, 타자 혐오증과 정치 무력증의 요인이 직접성의 결핍이 아니라 반대로 간접성의 결핍이라는 사실을 가려 버린다. 사실인즉슨 『스펙터클의 사회』는 광장 스펙터클을 모델로 하고 있었다. 인터넷, 스마트폰, 페이스북과 유튜브가 출현하기 전이다. '골방 스펙터클의 사회'는 이번 세기의 몫이다. 아니면, 세기말에 기 드보르가 추가했던 1992년 서문이 전하듯, "이 사회는 컴퓨터의 기억 장치에서 지워질 것"이다.

4장
악플의 로드레이지

오늘날 스펙터클은 규모보다는 속도에 의해 정의된다. 작더라도 더 빠르게 전송되는 정보나 자극이 좋은 볼거리가 되며, 이는 인터넷 회선의 보급과 결코 무관치 않다. 우리는 더 이상 3초 이상의 '랙'lag을 참지 못한다. 그리고 게임방 BJ의 고함 소리보다는 바로 옆 채팅창에서 빠르게 올라가고 있는 댓글들이 더 큰 희열이다. 그 댓글들 하나하나는 잘 보이지도 않는다. 하지만 바로 그 가시성을 파괴할 정도의 스피드, 그것이 곧 볼거리다. 충분히 성장한 네트워크에선 속도가 스펙터클의 한 속성이기를 그치고, 속도 자체가 하나의 스펙터클이 된다. 속도는 관심의 연료다.

충분히 빠른 속도 속에서 개인과 개인이 마주치는 일은 없다. 네트워크가 촘촘해지고 정보의 전송 속도가 빨라질수록 개인 간의 교류가 더 활발해진다는 통념은 사실이 아니다. 속도는 개인을 지운다. 사적인 것the private을 지우기 때문이다. 최소한 필요 없게 만든다. 오늘날 실시간으로 업데이트되는 댓글들은 사적 견해를 얼마나 잘 표현하는지가 아닌, 공적 중론에 얼마나 잘 적중시키는지를 경쟁한다. 충분히 촘촘해진 네트워크에선 SNS 멘트도 그 메시지가 얼마나 진솔한가가 아닌, 그에 대한 반응이 얼마나 열렬한가에 따라 결정된다. 비밀은 지속성이다. 속도는 비밀을 소거하거나 적어도 불필요한 것으로 만든다. 비밀이 없어지는 만큼 개인도 없어진다.

개인의 소거는 **타인의 소거**로 이어진다. 익명성은 사적인 것을 더 보전해 주지 않는다. 반대로 익명성은 사적인 것을 얼마든지 파괴해도 좋은 상해보험처럼 기능하며, 끝내 타인을 타자성이 박탈되어도 좋은 존재로 만든다. 이런 까닭에 익명성은 유명성과 반대가 아닌 것이다. 많은 오해와 달리, 유명인의 이름은 그 자체로 익명적이며, 그래서 빈번히 악플의 표적이 된다. 유명성이 이미 그에게서 사적 영역을 박탈한 것이다. 익명성은 타인에 대한 저항감을 소거하므로 악플의 절대적 배양 조건이 된다. 인터넷 실명제로는 악플을 완전히 근절할 수 없을 것이다. 인터넷이 이미 존재의 익명화다. 네트워크 접속 속도와 정보의 전송 속도가 충분히 보장되는 한, 악플은 저절로 누그러지지 않는다. 악플은 네트워크 속도에서 온다.

대표적인 현상이 SNS 조리돌림이다. 작은 잘못을 다수가 모여 공격하는 이 현상에서 도덕은 속도의 편에 서서 악플의 브레이크를 부순다. 악플러들은 스스로 연대해 가는 속도, 악플이 생성되어 가는 속도 자체를 스펙터클로 소비한다. 유명한 사례로서 2013년, 평범한 삶을 살던 저스틴 사코라는 이름의 한 SNS 유저는 남아프리카공화국으로 떠나는 공항에서 "아프리카로 출발. AIDS에 안 걸렸으면 좋겠네"라는 농담을 트위터에 남겼다. 그러나 11시간 뒤 공항에 내렸을 때, 그녀는 이미 '#저스틴도착안했나'라는 해시태그로 단결해 있는 전 세계인으로부터 비난을 받고 있었다. 그녀는 그날 바로 해고되었고 인생은 망가졌다. **악플은 도덕보다는 속도를 즐긴다.** SNS 조리 돌림에서 도덕성은 스펙터클의 가속화를 위한 빌미에 불과하다. 이것을 단지 도덕의 정체라고 볼 수 없다. 비릴리오의 용어를 빌리자면, 도덕 또한 극한 속도에 의한 정체, "극관성"inertie polaire[1]에 이르렀다고 봐야 할 것이다.

무겁고 진중한 악플은 존재하지 않는다. 악플은 언제나 가볍고 빠르다. 너무 진지한 악플이 파괴력이 없는 것은 악플이 달리는 곳은 언제나 속도의 경주장이기 때문이다. 빠를수록 좋은 악플이고, 가벼울수록 강력한 악플이다. 진정 악플은 '달린다'. 질주하고 폭주한다. 2019년 한국, 한 아이돌 스타가 악플에 시달리다 스스로 생을 마감하였다. 그 인터넷 기사 밑에 '그러니까 악플 달지 말라고'라는 댓글이 달리자마자, 그 밑으로 '너나 달지마', '그것도 악플이야', '너도 악플이다', 'ㅇㅇ 너도', 'ㅇㅇ 다음 악플' 등의 대댓글, 대대댓글, 대대대댓글이 주르

---

1 "극관성"은 고속철도나 인터넷을 통해 가만히 앉아서도 여행하는 경우처럼, 운송 및 통신 속도가 극대화됨에 따라 외려 움직임이 최소화되는 역설적 상황을 가리키는 비릴리오의 개념이다. "모든 것이 출발하지 않고도 도착한다"(Paul Virilio, *L'inertie polaire*, Christian Bourgois, 1990, p.46).

록 다시 질주하기 시작했다.

악플은 로드레이지와 유비적이다. 속도에 의한 익명성은 멈춰 있는 익명성보다 강하다. 원하건 원치 않건 우리는 도로에서 잠재적 경쟁자가 되고, 잠재적 표적이 되고, 결국 잠재적 가해자가 된다. 우린 속도 속에 숨는다. 안전이 확보되는 한에서 우린 최대한의 증오를 질주하며, 때로는 보복심이 브레이크를 잃어 애초의 경로를 벗어나 추격하기까지 한다. 대충 신경전을 하다가 내려서 멱살 잡는 것은 하수들이나 하는 짓이다. 고수들은 상대의 얼굴을 확인하려 하지 않는다. 상대의 얼굴을 보는 순간 증오가 누그러질 수 있기 때문이다. 창문을 열고 주절주절 따지는 것도 하수다. 길어지는 말 속에 서로의 진심이 튀어나올 수도 있기 때문이다. 말로 하는 공격은 최대한 짧게, 최대한 성의 없게 효율적으로 탁 치고 먼저 도망가야 고수다. 어떤 의미에서 증오는 갑자기 생겨난 것이 아니다. 우리는 운전석에 앉아 시동을 걸 때 이미 증오에 시동을 걸고 있다. 흡사 보복할 대상을 찾아서 도로로 나가는 것마냥. 로드레이지는 자아가 얼마나 팽창 가능한지, 그에 상응하여 타자의 타자성이 얼마나 쉽게 소거 가능한지를 증명해 보이는 행위다. 여기에 개인은 없다. 그는 타인과 함께 지워진다.

더구나 실제 고속도로보다 인터넷의 정보 고속도로는 더 빠르다. 클릭 한 번에 1초도 걸리지 않는다. 말은 짧을수록 모욕적이다. 근거를 주절주절 달다가 말이 길어지면 무거워진다. 상대가 자신의 악플을 읽는지 아닌지도 중요치 않다. 어차피 상대를 위해서 하는 말이 아니기 때문이다. 무거운 악플은 빠를 수 없다. 가벼우면서도 신속 정확하게 탁 던지고 튀는 악플이 파괴적이다. 상대방의 사적인 상황을 심도 있게 헤아리려는 것은 나쁜 악플러다. 반대로 상대를 겉핥기로만 알아야 좋은 악플러가 된다. 아예 아무 생각이 없어야 좋은 악플러다. 사유의 무게도 감속 요인이기 때문이다. 악플은 댓글로 하는 로드레이지다. 누스바움은 분노와 혐오를 구분하며, 혐오를 '반사회적 낭만주의'라고 적는다.[2] 너무도 적절한 표

---

2 마사 누스바움, 「혐오와 우리의 동물적 육체」, 『혐오와 수치심』, 조계원 옮김, 민음사, 2015, 4절, 197쪽. "분노는 저항과 건설적인 참여라는 목표를 향하는 경향이 있는 반면, 혐오는 도피와 방기로 이어지기 쉽다"(198쪽). 누스바움은 혐오를 재산 범죄로 본다. 공동체의 정신적 가치도 공공의 재산으로 보기 때문이다.

현이다. 도로에서 그러하듯, 악플은 세계를 반사회적으로 폐기하고 자아를 낭만적으로 팽창시킨다.

악플이 팽창시키는 자아를 개인의 것으로 국한할 수 없다. 외려 악플이 최고의 스펙터클에 이를 때는 네트워크 안을 달리는 속도가 아닌, **네트워킹 자체의 속도**에 이르러 집단적 자아를 이룰 때다. 이때 악플은 폭주족이 된다. 악플러들은 혼자 달리는 법이 없다. 항상 몰려다니기를 원하며, 아무리 미미한 악플조차 다른 악플과 연쇄반응 하여 더 큰 무리로 불어나기를 고대하며 던져진다. 이는 혐오 사이트 회원들이 공유할 만한 사례들을 쉴 새 없이 퍼다 나르며 그 증오의 평등하고도 조밀한 연대가 불어나는 과정 자체를 즐기는 것과 같다.

악플이 냉소주의라는 견해는 이런 속도의 본성을 간과한다. 엄밀히 말해, 악플러들은 냉소적 주체만이 아니다. 냉소는 눈이 멀었는데도 눈 뜬 척을 하는 것인데, 악플러들은 뭉치고 불어나고 몰아치면서 맹목의 연대를 욕망하기 때문이다.[3] 냉소주의는 적어도 개인주의다. 그러

---

3 박권일은 악플러가 냉소적 주체에서 "눈먼 정의의 사도"로 돌변할 수 있는지, 그

나 악플의 쾌감은 개인적 차원에 있지 않다. 수백 수천 개의 악플들로 엮어진 리바이어던 셀프가 타인의 영혼을 짓밟고 일어서는 과정을 다 함께 만들고 다 함께 감상하는 것, 그 **초hyper-개인성**의 현현과 영접, 악플의 최종적인 쾌락은 바로 거기에 있다.

댓글에게 분극화polarization는 운명이다. 충분히 가속된 댓글은 개인의 표현이나 타자의 이해를 위한 수단이기를 멈추고, 편을 나누어 끼리끼리 뭉치는 확증편향의 수단으로 반드시 변질된다. 오늘날의 흔한 예로서, 연예인 커플이 이혼하며 SNS로 사생활 폭로전을 하면, 댓글러들이 여자 편과 남자 편으로 나뉘어 서로를 비방한다. 경쟁은 과열되어 모두가 판사이고 변호사이자 CSI지만, 정작 사태의 본질과는 멀어진다. 서로 이기려고 사안은 점점 미세해지지만, 정작 이 승부가 무엇을 혹은 누구를 위한 것인지에 대한 애초의 목표는 상실되어 분노는 낭비되고 이성은 마비된다. 과열된 여론재판은 개인의

리고 "중립적 시민에 대한 판타지"를 질주할 수 있는지 논한 바 있다. 「냉소적 주체는 어떻게 눈먼 정의가 되었나」, 『자음과모음R』, 제3호(2010년 겨울).

도덕심을 함양시키기는커녕, 사적 영역을 쑥대밭으로 만들고 그 자기결정권을 무용지물로 만듦으로써 도덕의 필요성 자체를 소거해 버린다.

그러니까, 분극화된 집단은 운명적으로 이성을 결여한다. 대상성을 잃음으로써 사실과 허구, 목적과 수단, 공과 사를 분별하고 반성하는 능력, 즉 비판하는 능력을 잃기 때문이다. 집단지성? 집단지성도 분극화 앞에선 무력하며, 지성과 이성, 정보와 의미, 비난과 비판을 혼동함으로써 그는 지성화될수록 더더욱 비이성적이 된다. 하지만 이성 없는 집단지성은 지성이 아니다. 거기서 개인은 조절 장치가 고장 난 엔진의 한 부품에 불과하다. 비릴리오는 무기의 속도가 인간의 의사결정 속도마저 추월하면서 초래될 이성의 마비 상태를 경고했다. 악플의 악은 다른 것이 아니다. 이성을 포기하고 하나로 뭉칠 때의 쾌감 이외엔 다른 목적이 없는 **눈먼 분극화**의 폭주, 그 "최악의 비정치apolitique"[4]가 바로 악이다.

어떤 형태든, 악플의 본질은 타자성의 삭제에 있지,

---

4 폴 비릴리오, 「비상 사태」, 『속도와 정치』, 이재원 옮김, 그린비, 2004, 263쪽.

결코 개인성의 표현에 있지 않다. **외려 악플은 개인을 지워 버린다.** 악플이 표현의 자유라면 보복 운전도 자유의 표현이다. 악플은 공공선이나 사회정의와도 아무 상관이 없다. 악플과 자살의 인과성을 이해할 수 없다는 사람들은 악플을 순전히 심리의 문제로만 보는 것이다. 악플은 심리를 자극하지 않는다. 반대로 악플은 존재를 무자극과 무반응의 상태로 몰아 넣는다. 악플은 타자에게서 그가 사적인 것으로서 지켜 내고 있던 가장 내밀한 대상을 소거하고, 끝내 자아까지 소거한다. **악플은 우울증의 강제 전송이다.** 그리고 전송 속도가 빠를수록 전송량은 배가된다. 악플은 흡사 빠르게 달리는 차에서 내다본 세상처럼 뿌옇게, 타인의 세계를 지워 버린다.

공격성은 타자성의 황무지에서 폭주하기 마련이다. 물론 정보나 자극의 전송이 빨라진다고 모든 스펙터클이 반드시 악해지는 것은 아니다. 중요한 것은 관객과 함께 구성하는 시간성의 형식이다. 그 운동성과 몽타주가 아무리 빨라진다 하더라도 연극과 영화는 아직도 타자성의 예술로 남아 있다. 바쟁은 연극 무대와 영화 프레임을 '구심력'과 '원심력'으로 구분했는데, 바로 그런 밀고 당기는 힘이 관객을 압도하며, 그를 여전히 타자 앞에 남겨 놓는다.[5] 인터넷과 SNS는 그렇지 않다. 여기서 콘텐츠에 압도되어 입 다물고 있는 건 좋은 관객이 아니다. 인터넷과 SNS에서 유저는 댓글을 달든 '좋아요'를 누르든 어떻게든 콘텐츠의 일부로서 참여하며, 그로써 콘텐츠가 성장하고 완성되어 가는 과정 자체를 스펙터클로 향유한다. 바로 그 **과잉된 일체감**이 타자성을 지운다.

SNS는 연극이나 영화가 아니라, 차라리 TV다. TV는 일상이 그 직접적 일부가 되어 끊임없이 업데이트된다. TV는 우리 대신 울고 웃고 먹고 놀고 싸워 주며 삶 전체를 대행한다. 여기에 관객을 압도하는 구심력이나 원심력은 없다. 아예 중력 자체가 없기 때문이다. 내러티브나 역사도 없다. 과거와 미래가 없고 순수한 현재의 과잉 공급만이 있기 때문이다. SNS와 TV의 시간성은 '영원한 현재'다. 채널을 돌리거나 로그아웃하는 식으로 언제든지 입퇴장할 수 있다는 사실은 그 영원성을 더욱 공고하게

5 앙드레 바쟁, 「연극과 영화」, 『영화란 무엇인가』, 박상규 옮김, 시각과언어, 1998, 210쪽.

만든다. 내가 없어져도 그것은 영영 거기 있을 것이기에. 그래서 영원한 현재다. 영원한 현재는 세계를 증명하지만, 그것은 **세계의 필요성을 소거함**을 통해서다.[6]

영화조차 TV로 만들려고 했던 앤디 워홀은 자신의 작품 앞에서 모든 관객이 사라지기를 소망하였다. 그리고 그런 이상적 장소를 "하나의 큰 빈 공간"one big empty space이라고 불렀다.[7] 그것은 프로이트가 "저항Anstoß을 더 이상 일으키지 않는 새로운 현실neue Realität"[8]이라고 묘사했던 편집증자의 내면적 공간과 다르지 않다. 인터넷과 SNS의 하이퍼링크 공간이 정확히 그런 것으로서, 거기는 댓글의 로드워리어들이 **저항감 없이** 폭주하는 곳이다. 저항도 중력도 무게감도 희미해져, 타자의 자리가 너무 쉽게 지워지는 그런 곳이다.

---

6 조금 다른 문맥이긴 하나, 바쟁도 TV의 "추상적 현존"이 가지는 세계와의 단절성을 지적한다. 앞의 책, 200쪽(TV에 대한 각주). "되돌려놓는 상호관계(relation en retour)가 텔레비전의 경우에는 불가능한 것이다."

7 Andy Warhol, "Atmosphere", *The Philosophy of Andy Warhol*, Harvest Book, 1975, p.143. "나는 사람들이 자신의 공간을 탕진하도록 도와준다"(p.144).

8 지그문트 프로이트, 「신경증과 정신증에서의 현실감의 상실」, 『억압, 증후 그리고 불안』, 황보석 옮김, 열린책들, 1997, 209쪽.

타자의 자리가 지워진다는 것은 자아와 타자의 경계가 지워짐을 의미한다. 속도는 경계를 지운다. 혐오가 경계가 허물어지는 데에 대한 감정이라면, 모든 경계가 허물어진 장소는 거꾸로 모든 혐오가 허용되는 장소라는 뜻이다. 무중력감은 혐오 면허증이다.

"분노에 찬 사람은 우주 전체를 향해 주먹을 휘두르지는 않을 것이다."[9] 악플러는 된다. 그의 눈앞에 지나가는 우주가 너무 빨라 전체가 부분처럼 보이기 때문이다. 오늘날 타자성이 소거 가능해진 것은 육체성과 질량 감각의 상실과 결코 무관치 않다.

오늘날 초고속 인터넷 회선을 타는 모든 이, SNS 타임라인을 타는 모든 이는 잠재적인 로드워리어다. 인간이 점점 악해진다는 것은 정확한 문제의식이 아니다. 악은 언제나 어디에도 있다. 외려 진짜 문제는 이제 우리가 '좋아요'가 없으면 사랑도 못 하고, '싫어요'가 없으면 증오도 못 하게 되었다는 사실에 있다.

---

9 알프레드 노스 화이트헤드, 『사고의 양태』, 오영환·문창옥 옮김, 치우, 2012, 69쪽. "신체적 활동들은 선택적이다." 또한 "관심은 식별로 이어진다"(73쪽). 그러나 화이트헤드의 논의는 신체를 전제했을 때다. 인터넷엔 신체가 없다.

5장
혐오편집증

2019년 한국, 한 20대 아버지가 자신의 2개월 된 아들을 묶어 두었다. 머리와 얼굴을 가격하기도 했다. 칭얼대서 인터넷 게임에 방해가 된다는 이유에서였다. 결국 아기는 두개골 골절로 사망했다. 부검 결과, 너무 세게 묶어서 갈비뼈 여러 개가 이미 부러진 상태였다.

존재의 세기는 적어도 분노의 시대였다. 이번 세기는 혐오의 시대다. 분노와 혐오는 다르다. 분노는 대적하는 대상에 대한 감정이고, 그 저항을 지속케 하는 감정이다. 혐오는 저항과 아무런 상관이 없다. 그것은 차라리 불쾌감, 성가심, 귀찮음, 짜증이다. 혐오는 멸시이고 무시다. '무시'無視의 뜻 그대로, 혐오는 존재를 없는 것으로 보고 또 없애려는 충동이다. 분노가 존재의 투쟁인 반면, 혐오는 "존재의 무화"[1]다. 이 둘은 결코 혼동될 수 없다.

이진경은 '불안'과 '불온'을 구분한다. 그에 따르면, 불안은 존재가 경계 너머의 대상에 대해 느끼는 감정이다. 여기서 경계는 견고하다. 그래서 존재는 무를 선구하고 또 결단할 수 있다. 반면 불온은 저 경계가 교란되고 와해되는 느낌으로서, 지배자의 감정이다. 자신의 존재만이 '탁월한 것'이라 울타리를 치던 권력자에게 그 경계를 침범해 오는 레지스탕스나 장애자, 하물며 박테리아까지 모두 불온한 것이다. 경계를 지켜 존재를 무에 직면케 하는 불안과 달리, 불온의 힘은 경계를 허물어 존재를 더럽히고 갉아먹어 끝내 '침수' 시키는 데에 있다.[2] 분노

---

1 장 폴 사르트르, 『존재와 무 II』, 손우성 옮김, 삼성출판사, 1979, 3부 3장 2절, 163쪽. 잘 알려진 대로, 사르트르는 타자에 대한 태도를 두 가지로 분류했다. 첫 번째 태도는 타자성애적인 것이고(사랑·마조히즘·언어), 두 번째 태도는 자기성애적인 것이다(성적 욕망·사디즘·무관심·증오).

2 이진경, 「불온성이란 무엇인가?」, 『불온한 것들의 존재론』, 휴머니스트, 2011, 27~40쪽. 이진경은 다음처럼 쓰고 있다. 공포와 불안이 대상이 있거나 없는 데서 오는 두려움이라면, 불온은 경계선이 교란되어 변별되던 대상이 뒤섞이고, 그로써 "있던 대상이 소멸하는 데서" 오는 두려움이다(30쪽). 물론 오물과 혐오

와 혐오의 관계가 꼭 이와 같다. 분노의 대상은 나와 맞선다. 경계를 사이로 존재를 다투며. 그는 강자이고, 무시될 수 없다. 그랬다간 저항이 수포로 돌아가니까. 반면 혐오의 대상은 나와 맞서지 않는다. 약자이고, 내 존재 전체를 원하는 것도 아니다. 그런데도 존재의 경계만을 희롱하며 들러붙어 내 존재를 야금야금 좀먹고 있다는 생각이 이 불쾌감의 원천이다. 그는 하찮다. 무시되어도 좋다. 그래서 "있을 리 없다고 생각했던 것, 있다고 생각하고 싶지 않았던 것"[3]이고, 여차하면 없어져도 되는 **불필요한 존재**다. 지난 세기의 분노가 자기 존재를 걸고 하는 존재의 투쟁이었다면, 이번 세기의 혐오는 타인의 존재를 지워서라도 하는 존재의 보존이다. 그러니까, 혐오의 대상은 억압하므로 저항해야 할 대상이 아닌, 불필요하므로 폐기해도 되는 대상이다. 저 20대 아버지에게 아기가 그런 존재였듯이.

감에 대해선 다음 저작들도 기념비적이다. 메리 더글러스, 『순수와 위험』, 유제분·이훈상 옮김, 현대미학사, 1997; 줄리아 크리스테바, 『공포의 권력』, 서민원 옮김, 동문선, 2001.

3 이진경, 『불온한 것들의 존재론』, 46쪽.

관심의 패러다임은 존재와 그 경계가 쉽게 소거되는(최소한 필요 없어지는) 시대를 열어 주었다. 혐오는 바로 그런 토양에서 가장 왕성하게 자라난다. 한국의 경우, 과거 정치구호나 민중가요에서 국가권력은 주로 괴물, 맹수, 기계, 폭군 등의 이미지로 비유되었다. 그러나 2000년대 인터넷 보급이 본격화되면서 적의 이미지는 더 세속화되어 동물(개슬람·개저씨…), 곤충류(유충·한남충·맘충·틀딱충·급식충…), 아예 분비물이나 배설물(좆선족·똥남아·똥꼬충…), 최소한 배설하고 부패할 수 있는 음식물(홍어·과메기·김치녀·된장녀…)로 변모해 갔다. 여기엔 엄청난 간극이 있다. 괴물이나 기계는 경계를 사이에 두고 분노되고 저항되므로 적어도 존재했다. 그들은 존재의 패러다임에 속한다. 그러나 벌레나 배설물은 사정이 완전히 다르다. 그들은 우글거린다. 경계를 스멀스멀 넘어 오고 들러붙어 불쾌하고 짜증 날 뿐, 분노하고 저항하기엔 그 존재가 너무 하찮다. 심지어 그들은 자연을 더럽힌다고 여겨진다. 그들은 존재의 패러다임에 속하지 않는다. 유충은 지워야 할 것이지 분노할 것이 아니다. 똥은 치워야 할 것이지 저항할 것이 아니다. 그들은 존재도 아니다. 존재를 잠식하므로 존재할 필요조차 없는 존재, 즉 **존재의 잉여**다. 실제로 국내 최대 인터넷 커뮤니티였던 디씨인사이드의 유저들은 스스로를 '잉여' 혹은 '폐인'이라고 불렀다. 이후 등장한 막장 혐오 커뮤니티 일베는 더 밀고 나갔는데, 여기에 바로 디씨와 일베의 차이가 있다. 즉 디씨가 스스로를 잉여라고 인식했던 데에 반해, 일베는 그 나머지 세상까지 모두 잉여로 인식했다. 드디어 혐오가 주체에서 대상으로, '나'에서 '너'로 투사된 것이다. 여성 혐오로, 지역 혐오로, 정치 혐오로, 약자 혐오를 넘어 인간 혐오로.

혐오도 스펙터클이다. 혐오는 관심의 패러다임에 속한다. 사실 분노로 스펙터클을 구성하긴 어렵다. 저항감에 포함된 간접성이 그를 막는다. 반면 혐오는 즉각적인 감정으로서 언제나 관심을 끈다. 즉 관심의 패러다임에선 자신이 얼마나 쓸모없는 잉여인지, 그만큼 타인이 얼마나 쉽게 버려지고 폐기되어도 좋은지를 증명하는 과정자체가 곧 스펙터클이 된다. 실제로 일베의 전성기였던 2012년엔 누가 더 혐오스러운지 경쟁하려 수많은 막장 인증샷이 포스팅되었다. 어린이 폭행과 성추행, 유명인

성희롱, 친누나 속옷 자위, 강간 모의 등 온갖 혐오아이템들이 등장했는데, 정점은 11월 15일 새벽에 누군가가 올렸던 수간 인증샷이었다. 그러나 더 스펙터클했던 것은 같은 해 10월 21일부터 사흘간 이어졌던 소위 '학력 인증 대란'이다. 이때 일베 유저들은 자신의 학력이나 직업을 증명하는 인증샷들을 경쟁적으로 포스팅했는데, 그들이 인증했던 직업에는 의사, 변호사, 판사, 공무원, 경찰, 교사 등도 있었다. 그들은 자신이 얼마나 혐오받고 또 혐오할 수 있는지를 증명하는 것을 넘어서, 이미 사회 전체가 얼마나 많은 혐오로 가득 차 있는지를 증명한 것이다.

혐오는 그저 존재하거나 어쩌다 생겨나는 것이 아니다. 그것은 기획되고 연출되어 상영되고 전시된다. 일베 로고의 방송노출 사고가 계속되다가, 2018년 일베는 사비까지 털어 자신들의 혐오 대상을 뉴욕 타임스퀘어 전광판에 디스플레이했다. 일베의 궁극적 야망은 온 누리에 그들의 로고를 배포하여 전시하는 것이다. 그로써 지금 여기가 오물의 왕국임을 증명해 보이는 것이다.

혐오하는 인간의 맘속 깊숙한 곳엔 이상향에 대한 동경이 있다. 자신이 또 다른 오물일 경우에 "몰이상의 이상"[4]으로 나타날 뿐. 혐오가 대상에 대한 거부반응이라는 것은 정확한 문제의식이 아니다. 아무리 몰이상적이고 무정형적인 것으로 위장될 때조차 혐오는 교란된다고 여겨지는 셀프의 경계를 통제하려는 권력에의 의지이고, 벌레와 배설물을 방역하여 단 하나의 경계만을 남기려는 순수에의 충동이다. 아무리 오만 가지 근거를 대며 타인 탓을 해봐도, 혐오는 **집단 나르시시즘**에 먼저 기원을 두는 감정이다. 혐오 현상에 놀이문화가 일시적으로 선행하거나, 레트로 열풍 같은 노스탤지어 문화가 종종 동반되는 것은 이 때문이다. 나르시시즘이 본성상 현재성을 부인하는 유아기적 퇴행 충동이다. 같은 이유로 혐오 발언은 '팩트'에 의해 성립하지도 논박되지도 않는다. 혐오는 현실로부터의 분리에 근거한다. 놀이는 분리를 촉진한다. **'너만 없었어도 내가…'**, 이것이 혐오의 제일공식이다.

혐오는 저항이 아니다. 오히려 혐오는 저항이 실패하는 곳에서 시작된다. 니체는 '원한'ressentiment을 논증

---

4 박가분, 『일베의 사상』, 오월의봄, 2013, 145쪽. 일베의 여러 면모를 정치적·역사적·철학적으로 분석하는 책으로서, '일게이들아, 이 정도면 ㅅㅌㅊ.'

한 바 있다. 그에 따르면 원한은 반응하는 힘이 아니라, 외려 반응의 무능력에 의해 정의된다. 반응 불능의 상태를 상상적으로 보상하기 위해, 반응할 수 있었지만 안 하기를 선택했던 주체를 가정한 뒤, 그로부터 자극을 주었으므로 비난받아야 할 대상을 도출해 낸다는 것이다.[5] 그래서 원한의 인간은 (과거의 자극을 연상시키는) 모든 대상을 모욕으로 받아들이며,[6] 결국 자신을 피해자로 만들기 위해 가해자를 위조해 낸다고 니체는 말한다.[7] 원한의 인간은 오늘날 우리가 인터넷에서 쉽게 만나는 혐오의 인간이다. 다른 점이 있다면 인터넷엔 그가 모욕적이라 느낄 사례들이 무한정 널려 있다는 점과 그 대상이 어느 시대보다 더 오물쓰레기 취급을 받는다는 점뿐이다. 원한의 인간이 강자에 반응할 수 없어서 그를 반응할 가치가 없는 악인으로 만드는 것처럼, 혐오의 인간도 대상에 저항할 수 없어서 그것을 저항할 가치가 없는 벌레와 배설물로 만든다.

5 프리드리히 니체, 『도덕의 계보』, 김태현 옮김, 청하, 1982, 1장 10절.
6 프리드리히 니체, 『이 사람을 보라』, 김태현 옮김, 청하, 1982, 1장 6절.
7 프리드리히 니체, 『도덕의 계보』, 3장 15절.

어떤 점에서 혐오의 인간이 가장 혐오하는 것은 반응과 저항의 형식 Re-다. 그가 할 수 없는 것을 드러내기 때문이다. 그에겐 세상 모든 Re(반성·책임·재현…)가 모욕이다. 거꾸로 **저항 불능을 특권으로 착각**하고, 나아가 혐오를 저항으로 착각한다는 데에 그의 독특한 나르시시즘적 측면이 있다. 이를 잘 보여 주는 혐오 커뮤니티는 일베보다는 워마드다. 남혐과 여혐이라는 표면적 차이 외에 일베와 워마드의 근본적인 차이가 있다. 일베는 혐오가 저항 불능에서 기인했음을 인정하고 또 자각하지만, 워마드는 그런 자각이 없고 혐오를 저항의 일종이라 진심으로 믿는다. 일베의 '로린이' 드립에 메갈리아·워마드는 '쇼린이' 드립으로 미러링했다. 2015년부터 메갈리아 게시판에 남자 아동의 성기 사진들이 포스팅되기 시작하더니, 결국 2017년 워마드 회원의 호주 남아 성폭행 사건으로 정점을 찍었다. 그러나 미러링은 저항의 Re-를 포함하고 있지 않다. 미러링은 말 그대로 모사관계로서, 흡사 SNS 스타와 팔로워가 맺는 것과 같은 분신 혹은 대행의 관계에 가깝다. 실제로 워마드는 일베보다 뛰어난 호전성을 자랑하는데도 정작 결정적 순간엔 맞서 싸우기보다는 싸움이 대행되기를 원한다. 이것이 그 무정부주의적 성격에도 불구하고 워마드의 혁명 전략이 종국엔 인터넷 기사 가서 댓글 달고 오기, 청와대 게시판 가서 처벌 청원하고 오기, 법리공방을 대신해 줄 변호사 선임하기 등등 기존 권위나 법에 호소하는 용두사미로 끝나고 마는 이유다. 혐오의 인간은 당신과 싸우길 원하지 않는다. **당신이 없어지길 원할 뿐.**

그런데 이것이 전부가 아니다. 니체는 계속해서 원한이 어떤 최면 상태나 마비증 같다고 읊조린다. 니체는 원한이 논리적 허구에 입각한다고 말한다. 그에 따르면, "번개가 번쩍인다"라고 말할 때처럼 인간은 배후의 원인으로 '번개' 같은 허구적 주어를 꾸며 내는 습성이 있고, 고통과 감정에 대해선 더할 것이다. 즉 원한은 저항될 수도 있었을 대상을 가정함과 동시에 저항할 수도 있었을 주체를 가정해야 성립한다. 니체는 원한이 허구적 대상에 대한 그릇된 판단이라고 말하는 데 그치지 않는다. 원한이 성립하기 위해선 '선한 인간' 같이 이상화된 허구적 주체, 또 '신의 나라' 같이 신화화된 "허구적 세계"Fik-tions-Welt[8]가 전제되어야 한다. 실제로 오늘날 혐오 대상은 인터넷 찌라시로 가공되어 존재하며, 그런 가상적 시공간이 아니면 출현하지도 유통되지도 않는다. 그 오염의 효과는 잘 입증되지 않는다. 하지만 입증되지 않기에 더 잘 혐오할 수 있다. 또한 난민은 잠재적 테러리스트이고, 여자는 모두 꽃뱀이라거나, 남자는 모두 강간범이라는 식으로 가정된 가상적 대상 옆에는 단일민족·단일인종·단일성별 같은 이상화된 가상적 주체가 반드시 함께 존재한다. 물론 실제 피해 사례가 있기도 할 것이나, 경험적 일례를 종의 보편성으로까지 확대하려면 타자와의 관계가 모조리 환원된 세계의 허구성이 반드시 필요하다. 그러니까, 혐오는 **가상적 세계 전체**를 전제해야만 작동한다. "거기엔 현실의 다양성이 모조리 제거되어 있다."[9] 오늘날 순혈주의에 탐닉한 모든 극단주의, 일본 재

---

8 프리드리히 니체, 『반그리스도』, 송무 옮김, 청하, 1984, 15절. "허구적인 세계는 꿈의 세계와 구별된다. 후자가 현실을 반영하는 데 비해 전자는 현실을 왜곡시키고, 경시하며, 부정한다"(133쪽).

9 카롤린 엠케, 「보이는 것과 보이지 않는 것」, 『혐오사회』, 정지인 옮김, 다산북스, 2019, 78쪽. 엠케가 상상력의 축소를 말할 때, 이를 오해해선 안 된다. 그가 말하려는 바는, 혐오는 대상을 향한 상상력은 축소되고 자아를 향한 상상력은 과대해진 비대칭 상태에서 성립한다는 것이다. 그래서 혐오의 대상엔 개개인은 없고 추상화된 집단만이 있다(77쪽).

특회, 네오나치부터 보코하람, 알샤바브, IS까지도 페이스북과 트위터로 셀프홍보하고 있다는 사실 외에 다른 예를 더 들어야 할까?

혐오는 단지 가상적 대상에 대한 복수가 아니다. 혐오는 **가상적 주체에 의한 "가상적인 복수"**imaginäre Rache[10]다. 워마드의 2017년 남아 성폭행 사건은 결국 '주작'으로 밝혀졌다. 하지만 그 워마드 회원은 허구적 세계 속에서 쇼린이를 더 잘 강간할 수 있었다. 일베의 2012년 수간 인증샷도, 2014년 살인 인증샷도 모두 주작이었다. 메갈리아의 소아성애 드립도 모두 허풍이다. 정말이지, 혐오의 인간은 대상을, 주체를, 나아가 세계 전체를 주작하지 않으면 혐오할 수 없다. 그가 배짱이 없어서가 아니라, 그게 그의 존재론적 운명이다. 더구나 배짱이 있으려면 그는 자신의 머릿속만은 더 철저히 주작해야 한다. 분노의 대상이 강박증의 대상이라면, **혐오의 대상은 편집증의 대상이다.**

---

10 프리드리히 니체,『도덕의 계보』, 1장 10절. "행위상의 반응은 거부되어 있기 때문에 가상적인 복수로서만 자위하고 마는 자들의 원한"(43쪽).

편집증은 혐오의 디폴트다. 혐오의 배후에는 셀프라는 편집증적 자아가 반드시 있다. 또 원한을 정의로, 혐오를 저항으로 착각케 하는 '뇌피셜' 사례 집착증과 가학적인 '행복회로'가 반드시 있다. 여기서 관심과 혐오는 절대적 관계에 있다. 혐오는 관심을 끌고, 관심은 혐오를 가열시킨다. **관심은 혐오의 대전제이자 초목표다.** 자신이 박해당했다는 생각부터 자신이 관심 받는다는 착각을 전제한다. 그러니까, 혐오의 인간은 관종의 한 유형이다. '좋아요'를 클릭이 아니라 상대방의 피눈물로 받아 낸다는 것이 다를 뿐. 그가 늘어놓는 평등, 정의, 안보 같은 공공선도 모두 빌미에 불과하다. 실상 그는 '너만 없었어도 내가…'를 끝없이 되뇌면서 관심을 불리고 혐오를 살찌울 사례와 대상이라면 무차별적으로 긁어모으며, 그 최종 목표는 대상의 존재성을 최대한 소거함으로써 증오의 망상 속에서라도 이상적인 단일 셀프를 완성하고 또 증명해 보이는 것에 있다. 이는 마치 벌레와 똥이 산더미처럼 쌓일수록 그 속에 묻힌 진주가 더 빛날 거라고 착각하는 것과 같다. 하지만 똥도, 진주도 모두 망상이다.

고로 혐오가 커질수록 셀프는 자폐화되어 실재와 허

구를 점점 더 구분하지 못하게 되고, 끝내 현실감각의 일부를 상실한다. 이 과정은 필연적이다. 이런 점에서라면 셀프가 더 견고한 것은 일베가 아니라 워마드다. 2019년 1월 워마드 내부에서 작은 논쟁이 일었다. 남자가 모두 제거된, 최소한 남근권력이 모두 거세된 여자들만의 '보토피아'를 건국하기 위해서 어떻게 해야 좋을지에 대해서 두 전략이 충돌한 것이다. 흡사 과거 NL과 PD가 대립했던 것처럼, 탄핵되어 구속수감 중인 여자 대통령을 복권시키자는 쪽과 남성 중심 대기업의 자금줄을 끊자는 쪽이 대립했다. 스스로 폐인임을 인정하는 일베는 꿈도 못 꿀 진지함으로. 조회수는 이례적으로 5000 정도였으나 논쟁에 적극 참여한 이는 20명도 안 되었다. 그리 적은 인원으로도 쿠데타를 일으킬 수 있다는 맹목, 신념, 진중한 고뇌, 과잉된 자신감, 이런 것들이야말로 편집증적 셀프 안에서 보호되는 망상적 측면들이다. 혐오는 그저 개인의 무지나 부덕이 아니다. 니체의 말대로 혐오는 병이다. 오늘날 그것은 편집증이라는 시대적 질병이다. 심지어 그것은 전염된다. 링크되고 팔로우되고 '좋아요' 된다.

프로이트는 신경증과 정신증, 강박증과 편집증의 차

이를 충분히 보여 주었다. 1장에서 전술했듯이 강박증이 대상과의 동일시로 진행되는 "타자성애"Alloerotismus 질환인 데 반해, 편집증은 대상이 소거된 가상적 자아와의 동일시로 퇴행하는 "자기성애"Autoerotismus 질환이다. 혐오의 인간은 강박증자가 아니라 편집증자다. 바꿀 수 없는 현실 앞에서 소스라치고 자책하는 강박증자와 달리, "현실에 눈을 돌려 새로운 현실을 구축"[11]하는 쪽을 택하는 환영의 건설 노동자다. 동시에 가상적 자아를 보존키 위해 "현실을 부정하고 바꾸어"[12] 소거해 버리는 현실의 철거 노동자이기도 하다. 혐오의 인간은 사실과 망상을 구분할 방법을 알지 못한다. 나르시시즘의 감옥, 셀프에 갇혀 있기 때문이다. 끝내 그는 두려운 것과 더러운 것을 일부러 혼동하며, 더러워서 혐오하면서도 두려워서 저항한다고, 짜증 나서 증오하면서도 탄압받아 투쟁한다고 스스로를 속인다. **좋은 혐오는 '현타'를 모른다.** 혐오는 "외부 세계를 나르시시즘적 자아가 원초적으로 거부하는 것

---

11 지그문트 프로이트, 「신경증과 정신증에서의 현실감의 상실」, 『억압, 증후 그리고 불안』, 황보석 옮김, 열린책들, 1997, 211쪽.
12 앞의 책, 210쪽.

에서부터 생겨난다".[13]

누스바움은 혐오가 경계의 침범이 아니라, "인간의 유한성과 동물적 취약성"[14]을 상기시키는 데서 온다고 본다. 하지만 이런 전제는 왜 특정 혐오집단끼리 으르렁대면서도 짝꿍을 이루는지, 왜 노인 혐오보다 청년 혐오가 더 강렬해질 수 있는지를 설명해 주지 못한다. 또 어째서 혐오 현상이 육체가 없는 인터넷 공간에서 더 극성인지도, 어째서 그들이 '좋아요'를 받기 위해서라면 마치 목숨이 열두 개인 것인 양 맹동하는지도. 엄밀히 말해, 혐오의 대상이 상기시키는 유한성이 있다면, 그것은 보편적 개인이 가지는 물질적 육체의 유한성이 아니라 편집증적 셀프가 가지는 가상적 세계의 유한성이다. 벌레와 배설물은 셀프의 경계를 침범함으로써 나르시스의 끝을 드러

---

13 지그문트 프로이트, 「본능과 그 변화」, 『정신분석학의 근본 개념』, 윤희기·박찬부 옮김, 열린책들, 130쪽. '증오'(Haß)의 발생을 나르시시즘의 발달 과정에서 찾는 중요한 논문이다.

14 마사 누스바움, 「혐오와 우리의 동물적 육체」, 『혐오와 수치심』, 조계원 옮김, 민음사, 2015, 3절, 176쪽. 우리와의 이런 차이가 이 책에서 그가 최종적으로 의도하는 바, 즉 혐오가 법의 기초를 구성할 수 없다는 주장에 대해서 변경할 것은 아무것도 없다.

내기에 미움받는다.

우리는 박권일의 견해를 더 지지할 수 있다. 그에 따르면 오늘날 네트워크를 타고 번지는 혐오는 기억보다는 상상으로 먼저 작동하는 것으로서, 히스테리나 강박증의 논리(낙오자의 발작·인정 투쟁…)보다는 **"상상된 착취"**[15]라는 편집증의 논리를 더 따른다. 즉 혐오는 가상적으로 착취된 자아의 가상적 복구라는 것이다. 무엇보다도 그 복구는 존재의 폐기만이 아닌 관심의 축적으로 이루어진다. 누스바움은 '좋아요'를 잊고 있다. 박권일은 잊지 않는다. 오늘날 혐오는 관심의 패러다임에 먼저 속한다. "개가 사람을 물면 뉴스가 안 되지만, 사람이 개를 물면 뉴스가 된다."[16] 바로 그 뉴스가 혐오의 나르시스가 머무는 가상세계다. 그 자폐성이 시청률에 비례한다.

혐오는 나르시시즘의 망상적 보존 및 팽창이지, 어떤 형태로든 타자성과의 실질적 적대가 아니다. 실제로

---

15 박권일, 「공백을 들여다보는 어떤 방식: 넷우익이라는 '보편 증상'」, 『지금, 여기의 극우주의』, 자음과모음, 2014, 57쪽. 강조는 인용자. 일베에 대한 매우 니체적 분석이다. 나아가 박권일은 혐오와 관심의 상관관계에 주목한다. 혐오의 조건으로 '관심경제'와 '능력주의'를 논하는 부분(50~52쪽, 57~59쪽)을 참고하라.
16 앞의 책, 43쪽.

혐오의 인간은 그 자신을 억압하고 있는 초자아보다 더 크고 강한 초자아를 셀프로서 욕망한다(그래서 미러링이다). 강박증자가 타자에게 느끼는 공포와 분노가 "초자아에 대한 자아의 두려움"에서 오는 것과 달리, 혐오의 인간이 벌레와 배설물에서 느끼는 불쾌감과 앙심은 "초자아가 동요되고 와해될지 모른다는 두려움"에서 온다.[17] 그래서 자아는 점점 더 견고한 초자아와 동일시되고, 끝내 창문 없는 왕국에 셀프 옹립한다. 편집증에서 초자아는 내부의 "이상적 모델"Idealvorbild인 동시에 외부의 "복사본"Abbild[18]으로 기능한다. 이 모순이 모든 혐오의 인간을 폭군인 동시에 바보로 만든다.

어떤 점에서 혐오의 인간은 제대로 혐오하는 것도 아니다. 그는 가해자를 질투한다. 그가 도달하려는 셀프보다 가해자가 더 좋은 셀프를 가진 것처럼 보이기 때문이다. 혐오의 인간은 피해자를 걱정해서 혐오하는 게 아

---

17 이진경, 「불온성이란 무엇인가?」, 『불온한 것들의 존재론』, 32쪽.
18 지그문트 프로이트, 「신경증과 정신증」, 『억압, 증후 그리고 불안』, 199쪽, 201쪽. 노년의 프로이트는 계속해서 신경증과 편집증에 있어서 초자아 역할에 대한 연구가 부족하다고 염려하고 있다. 잘 알려진 대로, 이 문제는 이후에 "부인"(Ver-leugnung) 개념으로 다시 거론된다.

니다. 그는 가해자와 경쟁하기 위해 혐오한다. 프로이트는 질투가 편집증의 일종임을 이미 보여 주었다.[19]

몇몇 지식인들은 혐오 현상에서 정치적 순기능을 찾으려고도 했고, 심지어 인류학적 개념을 대입하며 혐오가 공동체를 정화하는 상징적 제의 혹은 놀이라고까지 과장했으나, 모두 피상적인 생각들이다. 혐오는 정치도될 수 없고, 제의도 될 수 없다(그 부산물들이 정치적이고 상징적이 되는 상황이 있을 뿐이다). 정치는 권위와 싸우는 것이지 오물과 싸우는 것이 아니다. 또 제의는 오물을 환대하는 것이지 오물을 몰아내는 것이 아니다. 실상 혐오를 정치나 제의로 혼동하는 것은 존재와 관심, 강박증과 편집증의 패러다임을 혼동해서다. 정치는 타자와의 적대를 통한 차이의 재현이고, 제의는 타자의 환대를 통한 정체성의 재생으로서, 전적으로 존재의 패러다임에 속하는 행위다. 그런데 혐오의 인간은 정반대의 것을, 그것도 상상 속에서 한다. 그는 권위와 싸우기보다는 더 큰 권위를 꿈꾼다. 그가 제의를 한다고도 볼 수 없다. 인류학자

---

19 앞의 책, 「질투, 편집증, 동성애의 신경증적 메커니즘」.

메리 더글라스는 금기시된 동물을 먹는 아프리카 레레족의 의식을 관찰하며, 제의의 인간은 오염의 공포를 "직시"confront하는 "원시적 실존주의자"primitive existentialists 라고 썼다.[20] 제의의 인간에겐 사회도 죽음을 예방접종해야 할 하나의 '존재'인 것이다. 그는 실존의 강박증자로서 존재의 패러다임에 속한다. 반면 혐오의 인간이 이루려는 상징은 정반대의 것으로서, 그가 자꾸 금기를 꺼내들고 희롱하는 것은 오물과 융합하여 불순함을 정화하기 위함이 아니라, 거꾸로 오물을 추방하여 순수성을 독점하기 위함이다. 금기를 위반하기 위함이 아니라, 거꾸로 더 큰 금기를 만들어서 위반을 심판하기 위함이다. 병든 사회에 죽음을 예방접종하기 위함이 아니라, 거꾸로 사회를 이미 죽은 것으로 사망선고하고 그 시신을 모독하고 유기하기 위해서다.

혐오의 인간은 실존주의자가 될 수 없다. 그는 **현실과의 분리** 외에 어떤 결단도 내릴 수 없다. 그에겐 존재의 벌레와 배설물이 아직 약이 아니라 독으로 보이기 때

---

20 메리 더글라스, 「체계의 붕괴와 재생」, 『순수와 위험』, 262쪽.

문이다. 그는 독사과를 먹느니 차라리 무균실에 고립되기를 원한다. 혐오의 인간은 존재보다는 관심의 패러다임에, 강박증보다는 편집증의 패러다임에 속한다. 이 패러다임에 남는 한, 아무리 혁신적인 워딩이 나와 봤자 어떤 형태의 혁명도 일어나지 않는다. 자아가 동일시한 독단적 초자아가 워딩을 족족 자신의 언어로 흡수하는 데다가 그는 혁명을 경멸하기 때문이다. 혐오가 사회의 억압된 무의식을 드러내 준다는 것도 틀린 생각이다. 혐오는 사회가 억압하던 이드를 해방시키는 게 아니라, 사회가 필요로 하지 않던 초자아를 만들어 더 큰 억압을 창출하는 것에 가깝다. 크리스테바 같은 학자들이 말하는, 오이디푸스에 저항하는 모성의 힘과도 아무런 상관이 없다. 혐오는 동일시 이전의 전언어적 편집증이 아니라, 동일시 이후의 말도 잘하고 워딩도 잘하는 지성화된 편집증으로서, 이때 초자아는 정확히 아버지의 자리에 고착될 것이기 때문이다. 프로이트도 말하지 않는가. 초자아는 아버지와의 나르시시즘적 동일시의 침전물이고, 이드의 해방은커녕 이드의 더 강력한 통제라고.[21] 사실 혐오가 저항일 수 있다는 견해 기저엔 혐오가 오이디푸스 이

전 단계로의 복귀라는 생각이 전제되어 있는데, 그 초자아의 역할만은 간과되고 있다. 하지만 최대한 확장되었을 때, 혐오는 반anti오이디푸스나 전pre오이디푸스는커녕 초hyper오이디푸스적이 된다. 남근의 거세는커녕 초대형 남근 선망이 된다. 모든 혐오는 반페미니즘적이다. 아버지의 자리를 질투하기 때문이다. "최초의 나르시시즘적 낙원의 이미지는 아버지의 자리에 머물 때의 신경증에 대한 방어적으로 구축된 부인일 따름이다."[22]

혐오는 아무리 출세해 봤자 파시즘이다. 호르크하이머·아도르노에 따르면, 온갖 지식과 사상으로 포장해도 파시즘이란 결국 **집단편집증**이다. "주변 세계를 자기와 유사하게 만들려고"[23] 하는 편집증적 투사의 대중화이고 그 집중화다. 결국 "신봉자들은 악마에게 영혼을 팔아넘

---

21 지그문트 프로이트, 「자아와 이드」, 『정신분석학의 근본개념』, 3절(초자아 부분). "유아적 자아는 자신 속에 장애물을 설치함으로써 억압의 수행을 위한 요새화 작업을 폈던 것이다. 그것은 이런 일을 하기 위한 힘을, 말하자면, 아버지로부터 빌려 왔던 것이다"(375쪽).

22 줄리아 크리스테바, 「더러움에서 오염까지」, 『공포의 권력』, 106쪽.

23 막스 호르크하이머·테오도르 아도르노, 「반유대주의적 요소들: 계몽의 한계」, 『계몽의 변증법』, 김유동·주경식·이상훈 옮김, 문예출판사, 1995, 253쪽.

기듯 자신의 편집증을 편집광에게 위탁하며 〔…〕 자신들을 주체로서 진지하게 대접해 주는 것이 아니라 눈먼 목적 달성을 위한 수단으로 취급하는 사람에게 복종한다".[24]

한마디로, 혐오의 인간은 저항하지 않는다. 하려야 할 수가 없다. 저항과 혐오는 대립된다. 그 둘은 강박증과 편집증, 신경증과 정신증, 결벽증과 분노조절장애, 히스테리와 우울증, 짐승과 벌레, 적과 똥이 다르듯 아예 패러다임이 다르다. 많은 이들이 오해하지만, **혐오에 의한 저항은 저항이 아니다.** 페미니즘과도 아무런 상관이 없다. 페미니즘은 편집증에 빌붙지도, 아버지의 자리를 질투하지도 않는다. 혐오에 사로잡힌 실천은 상상으로 위조된 저항이고, 자기만족을 위한 가상 투쟁으로서, 차라리 폭력이라는 카메라로 찍어 대는 셀카에 가깝다. 우리는 혐오에서 불안과 분노 같은 저항성의 조건도, 희생이나 헌신 같은 타자성의 전략도, 최악의 경우 아예 현실감각 자체를 찾아볼 수 없다. 셀카에서 그런 것들을 찾아볼 수 없듯이. 2014년 일베는 광화문 광장에서 단식농성 중

---

24 앞의 책, 259쪽.

이던 세월호 유가족을 조롱하기 위해 그 유명한 폭식 투쟁을 했다. 투쟁으로는 너무 후진 전략이었으나 셀카로는 완벽했다. 세상 무엇도 변화시키진 못했어도 자신들의 고립만은 완벽하게 증명했으니까.

혐오에 대한 정치는 있어도, 혐오에 의한 정치는 없다. 혐오는 편집증적 자아 안에 고립된 사태다. 일베, 메갈리아, 워마드 같은 혐오 사이트는 생명을 경시해서 문제이기 전에, 실재를 경시해서 문제다. 아무 데서나 폭력을 조장해서가 아니라, 엉뚱한 데다 폭력을 낭비해서 문제다. 정치적으로 우경화되어서가 아니라, 존재론적으로 자폐화되어서 문제다. 아무한테나 증오를 배설해서 문제이기 전에, 스스로 망상의 먹이가 되어서 문제다. 혐오의 인간은, 으레 난민을 혐오하겠으나, 그 자신이 이미 현실 세계의 난민이다.

혐오와 인터넷의 관계는 결코 우연적이지 않다. 인터넷은 혐오의 발생기까진 아니어도 그 훌륭한 인큐베이터다. 인터넷은 혐오의 논리가 성립되기 위해 필요한 세계의 가상성을 공급한다. 특히 언제든지 지워져도 된다는 대상의 가상성을. 백욱인은 "인터넷 똥바다"를 말했다. 단지 웃자고 하는 비유가 아니다. 하이퍼링크는 기호가 지시하는 대상을 불필요한 존재, 쉽게 폐기되고 소거되어도 좋은 존재로 만들 수 있다. "사물과 말의 일치는 애당초 사라졌고 검색어를 포함한 문서와의 일치만 존재한다."[25] 그러니까, 인터넷은 혐오의 인간에게 필요한 똥을 "비트똥"[26]으로 공급한다.

혐오라는 시대현상은 하이퍼링크의 숨은 본질을 드러낸다. 그것은 '차단'block이라는 하이퍼링크의 핵심 속성이다. 차단 없는 혐오란 없다. 혐오의 인간은 더러운 대상과 차단되어야 한다, 대상을 더럽다고 여기기 위해 존재와 차단되어야 한다, 대상을 없앨 수 있다고 여기기 위해 실재와 차단되어야 한다, 즉 혐오하기 위해 그는 **세계 전체와 차단**되어야 한다…. 물론 혐오가 21세기에 처음 나타난 현상은 아니다. 그러나 혐오하는 데 필요한 가상적 시공간이 이렇게 대중화되고 저렴해진 적은 일찍이 없었다. 히틀러도 관종이었다. 그러나 히틀러와 괴벨스

---

25 백욱인, 「인터넷 왕국들」, 『인터넷 빨간책』, 휴머니스트, 2015, 141쪽.
26 앞의 책, 「인터넷 사람들」, 74쪽.

가 애용했던 라디오와 아그파 필름보다 더 진보한 하이
퍼링크와 '좋아요'가 오늘날 있다. 관종의 세기에 이르러
혐오는 소거 가능한 대상들의 가상세계라는 최적의 환경
을 만났다. 또 거기서 무한 링크가 가능한 하이퍼 전염성
을 획득했다. 차단이라는 전염성을. 이번 세기, 혐오는
창궐했다. 편집증이, 그 과대망상에 의한 **차단병**이 창궐
했기 때문이다. 차단은 존재의 아우슈비츠를 꿈꾼다.

혐오의 인간은 세계가 똥이라고 외친다. 똥이 더러
워서 피하지 무서워서 피하냐며. 저항의 인간은 피하지
않는 그 세상을 회피하며, 혐오의 인간은 그렇게 세계와
차단되어 간다. 혐오증의 인간이 우울증의 인간으로 전
락하는 것은 시간문제다. 에릭 호퍼의 통찰처럼, 혐오는
자기혐오를 감추기 위한 방편이다.[27]

27 에릭 호퍼, 『맹신자들』, 이민아 옮김, 궁리, 2011, 68쪽.

6장
관심의 정치경제학

보드리야르는 오늘날 우리는 상품이 아니라 기호를 소비한다고 말한다. 가령 미술품을 경매하는 부르주아는 경제적 이득을 남기기 위해 미술품을 사지 않는다. 그는 자신을 계급적으로 차별화하기 위해 미술품을 사며, 이때 그가 취득하게 될 "계급적 정통성"과 "신분의 차이"가 이미 그의 충분한 이윤이다.[1] 우리는 더 편리해서 명품을 쓰는 게 아니다. 우린 명품과 싸구려의 차이를 소비한다.

---

1 장 보드리야르, 「미술품 경매」, 『기호의 정치경제학 비판』, 이규현 옮김, 문학과 지성사, 1992, 130쪽. 같은 책의 「일반 이론을 위하여」도 보라("사회적 위계, 신분상의 차이, 세습적 사회 계급과 문화의 특권은 이윤으로서", 135쪽).

기호의 소비는 **증명해서 보여 주는** 일이다. "기호는 판별
식이다."[2] 오늘날 기호화되지 않는 것은 가치가 될 수 없
다. 기호가 곧 가치이고 자본이다. 기호의 차이가 곧 잉
여가치다. 기호만이 축적된다.

대상이 한낱 허구가 되었다는 게 아니다. 보드리야
르가 진정 말하려는 바는 오늘날 기호가 어떤 객관적 기
능을 꿰차게 되었다는 것이다. 그것은 기호가 대상의 질
서를 증명하는 기능이다. 가령 부르주아가 명품을 쓸수
록 "지배계급의 본질적 영속화"가 일어난다.[3] 그렇게 대상
은 기호의 "효과"effet가 되는 대신, 기호 체계 전체는 대
상에 의해 "보증"caution된다.[4] 바뀐 것은 대상의 존재 여
부가 아니라 기호와 대상의 지시관계reference 자체다. 외
부의 어떤 지시대상도 포섭하는 기호의 폐쇄원환이 성립

---

2 앞의 책, 「기호의 정치경제학 비판을 향하여」, 166쪽.
3 앞의 책, 「미술품 경매」, 130쪽.
4 앞의 책, 「사용가치를 넘어」, 151~153쪽. "사용가치의 체계는 교환가치의 체계
  에 영원한 보증을 제공하게 된다." 좀 더 세부적인 논의는 대상의 사용가치는 욕
  구의 잠재적 평등을 증명한다는 것이다(같은 곳). 즉 대상의 가상성(virtualité)
  은 기호 체계의 효과로 나타나는 대신, 기호 체계 전체는 대상의 유용성(utilité)
  에 의해 보증된다.

하며, 이제 기호와 대상 간에는 내포된 지시관계, 그 둘이 구분되지 않는 모사관계만이 남게 된다. 그것이 바로 '시뮬라시옹'이다. 시뮬라시옹은 쓰면 쓸수록 세계의 **증거**preuve[5]가 된다. 그래서 보드리야르는 이를 "순환논증"이라고 꼬집는다. 하지만 딱 자본이 그렇지 않은가. 이것이 그가 쓴 유명한 정식($\frac{교환가치}{사용가치} = \frac{기표}{기의}$)의 함의다. 자본은 시뮬라시옹이다. 그것은 쓰면 쓸수록 세계와 일치해 간다. 가라타니 고진은 저 정식을 뒤집었지만("사용가치는 시니피앙이다"), 화폐도 상품임을 보여 주기 위해서였을 뿐, 결론은 같다. 즉 '가치'라는 화폐의 실체적 지시대상이란 없고 기호들의 차이만이 존재하는데도, 자본은 차이를 단일한 기호 체계의 동질적인 잉여가치로 통합($M+\Delta M$)하며, 그로써 "화폐 형태는 가치 형태를 은폐한다".[6]

그러니까, 기호-자본의 가장 강력한 힘은 세계를 자

---

5 앞의 책, 「기능-기호와 계급의 논리」, 17쪽. "물건은 더 이상 물건의 기능이 아니라 증거의 기능을 갖는다"(46쪽).
6 가라타니 고진, 『마르크스 그 가능성의 중심』, 김경원 옮김, 이산, 1999, 2장, 36쪽. 가라타니 고진은 화폐도 기표에 불과하다는 사실이 은폐될 때, C-M-C에서 M-C-M´로의 이행이 자연스러운 과정으로 정당화된다고 말한다. 전자는 단일한 체계를 전제하는 데 반해, 후자는 상이한 두 체계를 전제한다(3장).

신의 증거로 만드는 데에 있다. 그것은 교환가치를 대상의 사용가치로 보여 주고(C-M-C), 잉여가치를 교환물의 사용가치로 보여 주고(M-C-M′), 가치 자체를 잉여물의 사용가치로 보여 준다(M-M′). 우리는 돌리면 돌릴수록 세계와 일치해 가는 이 폐쇄원환을 영영 빠져나갈 수 없다. 기호-자본은 $M-C-<^{MP}_{LP}\cdots P\cdots C′-M′$의 모든 결절부 '-'마다 끼어들어 일치, 일치, 일치를 외치며 자본의 순환 자체를 영속화한다. 기호-자본은 정치경제학이 해내지 못했던 것을 한다. 그것은 가치 체계의 완전성을 **증명해 보여 준다.** 과연 "정치경제학이 현상에 점점 더 집착하는 것은 그것이 증명을 제공하는 것같이 보이기 때문이다".[7]

기호학과 경제학을 상동적 구조로 사유하는 이런 작가들이 주는 교훈은 단지 자본의 진화에 관한 것이 아니다. 대상의 저항Re-을 족족 자신의 증명Pro-으로 흡수함으로써 **외부 없는 기호의 제국**을 건설하는 후기자본주의는 이미 패러다임의 진화를 알린다. 이제 보여 주지 못할 것은 가치가 되지 않고, 전시되지 못할 것은 축적되지도

---

7 칼 마르크스, 『자본론 II』, 김수행 옮김, 비봉출판사, 2010, 1편 5장, 145쪽.

않는다. 그 대신 노출되고 진열되어 증명될 수 있는 모든 것이 재산이다. 가치도 존재의 패러다임에서 관심의 패러다임으로 넘어간 것이다.

이 모든 것이 인터넷과 SNS에서 고스란히 일어나는 일들이다. 거기서 우린 기호로 관심을 축적한다. 관심은 돈이고 재산이고 부이다. 관심의 정도가 실제 화폐로 환산되는지 아닌지는 중요하지 않다. 부르주아가 경제적 이익을 남기려고 미술품을 사지 않는 것처럼, 이제 우리는 잘 살려고 여행을 가거나, 잘 먹으려고 좋은 음식을 찾지 않는다. 우리는 더 많은 '좋아요'를 모으려고 관광지를 선택하고, 더 좋은 셀카를 찍으려고 맛집을 찾는다. 인기 계정을 사고 팔고, 심지어 훔치기도 한다. '좋아요' 부자가 진짜 부자다. 한국 BJ는 유독 부자다. 한 해 수익이 10억을 넘는 이도 있다. 하지만 그렇다고 그들이 돈을 벌려고만 인터넷 방송을 한다고 볼 수 없다. 그들은 수익으로 람보르기니나 부동산을 사서 반드시 더 많은 관심에 재투자해야 한다. SNS 플랫폼이 광고회사와 짜고 빅데이터를 꿍치는지 아닌지도 차후의 문제다. 우리 자신이 이미 SNS 프로필의 광고주다.

오늘날 관심interest은 곧 이익interest이다. 관심을 주고받는 것은 노동이 되었다. **관심이 가치다.** 식자들은 인터넷이 자본주의에 종속되는 수단인지, 아니면 그에 저항하는 수단인지 갑론을박하곤 하지만, 모두 존재의 패러다임을 전제했을 때 얘기다. 관심의 패러다임에서 인터넷은 후기자본주의와 상동적 구조다. 만인이 잠재적 친구가 되고 잠재적 팔로워가 되는 인터넷에서 적당한 관심이란 있을 수 없다. 관심이 하이퍼링크를 따라 교환되고 축적되는 한, 인터넷과 SNS에서 축적의 본질은 과잉hyper-과 과대over-에 있다. 원리상 모든 관심은 과잉 관심이고, 모든 축적은 과잉 축적이다. 근래에는 대기업도 SNS로 마케팅을 한다. 이는 재산 축적에 있어서라면 대기업도 서민만큼 소박하다는 뜻이 아니라, 관심 축적에 있어서만큼은 서민도 대기업만큼 욕심쟁이란 뜻이다. 이상적으로는 SNS에선 개인도 만인의 관심을 과잉 축적할 수 있는 관심 재벌이다.

관종은 좋든 싫든 자본가다. 그는 관심(I)을 모은다. 링크·인맥·댓글·팔로워·좋아요를 축적한다. 하지만 이는 기호의 사용을 통해서이며, 그 자신도 하나의 기호다. 그 기의(지시대상)는 '셀프'다. 셀프는 기호-가치, 기호-자본이다.

실제로 관종의 진화는 자본의 진화 과정과 유비적이다. 처음에 그는 성격·용모·행위·소유물·정보 등의 기표로 자신을 차별화하여 '좋아요'를 모으고(I-👍-I), 일정 궤도에 이르면 적은 기표의 투입만으로도 많은 '좋아요'를 번다(👍-I-👍'). '좋아요'는 관심의 일반적 등가물, 기표-화폐다. 그리고 어느 정도 인지도에 이르면 관종은 별 다른 기표의 투입 없이 인증샷 하나만으로도, 즉 자신의 이름과 서명만으로도 '좋아요'를 자동 축적하는 단계에 이른다. 금융자본이 된 것이다. 이처럼 의제화된 셀프 자본을 우린 '브랜드'라 부른다. 금융자본이 상품을 생략하듯(M-M'), 브랜드도 기표를 생략한다(👍-👍'). 그로써 셀프는 "과거 노동의 생산물이 이미 그 자체로서 현재 또는 미래의 살아 있는 잉여노동의 일부를 잉태"[8]하는, 역사 없는 영원한 순간 안에 영원토록 안전하게 속해 있음을 스스로 증명해 보인다.

---

8 칼 마르크스, 『자본론 III』(상), 김수행 옮김, 비봉출판사, 2004, 5편 24장, 488쪽.

'자기증식하는 셀프' self-valorising self는 모든 SNS 유저들이 꿈꾸는 경지다. 셀카가 으레 저항도 중력도 없는 물체처럼 연출되는 것은 우연이 아니다. 모든 관종은 어떤 경계도 비월하는 금융자본 자체가 되기를 소망한다. 관종은 훨훨 날고 싶다. 역사도 중력도 없는 하나의 무궁한 순간을.

지멜에 따르면, 지난 세기 화폐는 주체와 대상을 "이간질"시켜서 "소유와 존재를 분리"하였다. 화폐 소유에 의한 "자아의 확장"은 적어도 존재의 재구성이었다.[9] 그러나 이번 세기, '좋아요'는 주체와 대상을 싸운 적도 없는 사이로 만든다. **소유가 존재 자체를 대행**하는 셀프의 확장 속에서, 저 밖에 대상이 존재했었고 또 그때 존재는 저항이었다는 기억과 역사는 지워진다.

관종 개인이 관심을 얻으려고 많은 노력과 노동을 한다고 해서, 관종의 영혼까지 프롤레타리아트로 볼 순 없다. 이미 기호들을 생산수단으로 소유하는 셀프는 노

---

9 게오르크 지멜, 『돈의 철학』, 안준섭·장영배·조희연 옮김, 한길사, 1983, 2부 4장, 각각 426, 391, 413쪽. "화폐는 대상 속으로 스스로를 확대할 수 있는 가장 완벽한 자유를 자아에게 부여한다"(411쪽).

동자가 아니다. 아예 상품이 아니다. 유저가 구매하는 것은 방송 콘텐츠이지 BJ의 셀프가 아니며, 셀프가 온전해야 별풍선도 오고 간다. 자신을 노출시켜 제품을 판촉하는 SNS 인플루언서도 마찬가지다. 그가 사용하는 상품이 잘 팔린다는 것은 셀프가 상품이 되었음을 뜻하는 게 아니라, 그가 관심을 더 잘 빨아들이는 영구기관이 되었음을 뜻한다. 그건 비매품이다.

일반적으로 이상적인 셀프는 상업을 싫어한다. 그는 판매나 교환을 원하지 않는다. 반대로 모든 교환을 끊는다. 그는 소비되기를 원하지 않는다. 반대로 모든 시선을 소비하고 먹어 치운다. 셀프의 궁극적 지향점은 '좋아요'를 기다리며 시간을 허송하는 상업자본이 아니라, 유통시간=0을 추구하는 금융자본이다.[10] 팔로워가 80만 명에 달했던 한국의 한 인플루언서는 상품을 입고 상품을 달고 상품을 먹고 마시며 매일매일 셀카를 올린다. 전파에는 몇 분도 걸리지 않으며 반응도 즉각적이다. 연 매출은

10 칼 마르크스, 『정치경제학 비판 요강 II』 김호균 옮김, 그린비, 2007. 노트 VI권. 326~327쪽. "유통시간 없는 유통이 자본의 필연적 경향이다."

1700억 원이었다. 이보다 빠른 금융자본은 없다.

관종은 디지털 시대의 자본가다. 그는 인터넷상에서만 존재하며, 현실도 그에겐 인터넷이다. 관종은 물질을 전유하고 축적하던 지난 세기의 자본가를 비웃는다. 그가 전유하고 축적하는 것은 물질이 아니라 기호이며, 그 자신도 기호로 존재하기 때문이다. 기호는 그를 차별화하고 전시하고 또 증명하는 그의 장신구이자 명품백이다. 관종의 셀프는, 보드리야르의 말처럼 "기호의 현실성 이외의 다른 현실성을 지니고 있지 않다".[11]

미술품을 구매하고 엄지손가락을 치켜드는 20세기의 부르주아와 미술품을 안 사고도 👍를 축적하는 21세기의 관종이 다른 점은, 전자가 세계의 질서에 자신을 등록하지만, 후자는 자신이 하나의 완전한 세계가 된다는 점이다. 관종은 미술품을 사기보다는 그 자신이 미술품이 된다. 관종의 셀프가 그래도 교환된다면, 마르크스의 말처럼 "세계 전체와 교환"된다.[12]

---

11 장 보드리야르, 「기호의 정치경제학 비판을 합하여」, 『기호의 정치경제학 비판』, 169쪽.
12 칼 마르크스, 「1844년의 경제학 철학 초고」, 『칼 맑스 프리드리히 엥겔스 저작

공통점도 있다. 부르주아가 가치는 화폐에 내재한다
는 관념을 떨칠 수 없듯, 관종도 가치가 셀프에 내재한다
는 관념을 떨칠 수 없다. 그에겐 세계가 없으므로 가치가
나올 데가 자기 자신밖에 없기 때문이다. 그리하여 돈이
돈을 낳듯, '좋아요'가 '좋아요'를 낳는 것처럼 현상하며,
관종은 셀프를 '이자 낳는 자본'과도 같은 가치의 신비로
운 원천으로 느끼게 된다. 그렇게, 부르주아가 자본의 유
통 시간으로부터 생산 과정을 소거하는 것처럼, 관종은
셀프의 순간으로부터 역사를 소거한다.

관종은 **모든 경제적·심리적 잉여가치가 자신의 셀프
에서 나온다는 환상** 속에 살아간다. 이것은 관종 개인의
심성이 아무리 선량하고 겸손하더라도 피할 수 없는 운
명이다. 자본처럼 관종도 물신fetish이다. 스스로에게도.
2019년, 80만 명의 팔로워를 거느렸던 저 SNS 인플루언
서는 팔아 오던 상품이 불량품이거나 도용한 디자인임
이 들통나자 항의 댓글들을 차단하기 시작했고, 이에 격
노한 팔로워들이 안티팬으로 돌아서자 결국 사과문을 냈

선집 1』, 최인호 외 옮김, 박종철출판사, 1991, 91쪽.

다. 자신이 오만했음을 고백하며, 그 이유로 **"나도 모르게 잘 팔려서"**라고 쓰고 있다.

요컨대 상품-기호가 계급의 정통성을 지시함으로써 질서의 완전성을 증명한다면, 관종-기호는 셀프의 자족성을 지시함으로써 순간의 완전성을 증명한다. '나도 모르게' 행복한 순간의 완벽함을.

모든 것은 자본주의의 진화와 잉여 개념의 변천과 관련이 있다. 자본주의는 존재를 착취하고 물질을 독점하는 산업·독점자본주의에서, 관계를 착취하고 정보와 링크를 독점하는 '인지자본주의'로 발달했다. (네그로폰테의 유명한 비유를 빌리자면) 지난 세기 잉여는 "원자"atom였다. 그러나 이번 세기의 잉여는 "비트"bit다. 그것은 복제되고 증식되고 증폭되며 저항 없이 전송된다. 금세기의 잉여가치는 바로 이런 하이퍼링크의 잉여가치, 비트 잉여가치 혹은 "네트워크 잉여가치"[13]다. 여기엔 원리상 무게도 중력도 저항도 없다. 그래서 그것은 누승적으로 불어나는 성질이 있다. 가령 n명의 접속자 사이에 소통

---

13 조정환, 「착취와 지배의 인지화」, 『인지자본주의』, 갈무리, 2011, 139쪽.

가능한 채널은 $_nC_2 = \frac{n(n-1)}{2}$개, 형성 가능한 공동체는 2^n ($= {_nC_0} + {_nC_1} + {_nC_2} + {_nC_3} \cdots + {_nC_n}$)개로서, 독점되었을 때 그 이익은 기하급수적이다.[14] 폭리도 이런 폭리가 없다. 무엇보다도 이는 네트워크 접속자들의 자발적인 노동이다. 플랫폼이라는 "자동 닭장과 벌집"만 지어 놓으면 "나머지는 닭과 벌이 다 알아서 마련한다".[15] 구글이 하지 못하고 페이스북이 해낸 일이다.

관종은 바로 이런 시대적 변천에 가장 빨리 적응한 자본가다. 그에게 인지자본주의란 관심자본주의다. 모든 관계란 관심이고, 모든 인지 활동은 관심 활동이다. 관종은 가능한 한 많은 하이퍼링크를 걸어서 셀프를 확장한다. 많은 엔터테인먼트 회사와 마케팅 플랫폼은 고객들

14 강남훈, 「정보혁명의 두 가지 요소」, 『정보혁명의 정치경제학』, 문화과학사, 2002, 37~38쪽. 정보상품의 잉여가치에 대해 논하는 부분도 보라. 강남훈은 초과 이윤의 세 가지 유형(①특별잉여가치 ②지대 ③독점이윤)을 살피고, 네트워크 효과로 인한 이윤은 지대라고 결론 내린다(100~115쪽).
15 백욱인, 「전유 싸움: 비트 전유의 세 가지 모델」, 『디지털 데이터·정보·지식』, 커뮤니케이션북스, 2013, 86쪽. 백욱인은 죽은 노동을 전유하는 낡은 방식(검색엔진)과 산 노동을 전유하는 새로운 방식(SNS)을 대비시킨다. 백욱인이 분류하는 세 가지 비트 자본기계(①비트 수집기계 ②비트 흡수기계 ③비트 회수기계)도 보라(82쪽).

의 개인정보나 브라우징 습관을 수집하여 표적 마케팅에 재투입하지만, SNS 인플루언서는 그런 데이터 분석조차 생략한다. 팔로워들과 모사관계로 직접 하이퍼링크되기 때문이다. 관종의 셀프는 분석하지도, 분석되지도 않는다. 그는 링크를 따라 확산되는 절대적 동일성이다. 관종이 돈 자랑을 하려고 링크를 건다는 것은 잘못된 통념이다. 관종은 반대로 링크를 걸려고 부를 과시하며, $_nC_2 = \frac{n(n-1)}{2}$ 개의 하이퍼링크가 걸리지 않는 어떤 부도 노출시키지 않는다. 2018년 러시아와 중국에서 '폴링스타 챌린지'가 유행했다. 넘어지는 척하며 사치품을 늘어놓는 셀카인데, 이내 하이퍼링크를 타고 서민과 빈자들도 빗자루와 깡통을 늘어놓기 시작했다. 루이비통 지갑과 샤넬 크로스백을 가진 자만이 폴링스타 챌린지에 참여할 수 있는 게 아니다. 기표를 가진 모든 셀프가 참여할 수 있다. 관종이 인지자본주의를 이용하는 게 아니다. 그는 인지자본주의의 일부다. 가치의 전시가 마침 SNS를 만난게 아니다. SNS 자체가 이미 화폐의 진화된 형태다.

7장
제국주의와 우울증

인지자본주의에서 이윤이 지대地代로 변형되어 간다는 견해는 설득력이 있다. 이 견해에 따르면, 네트워크 사용자들은 차별화된 링크의 공동체인 "인지 토지"를 생성하는 경향이 있고, 자본은 지적재산권·개인정보 수집·광고·마케팅 플랫폼 등을 통해 이를 다시 점령하려 한다는 것이다.[1] 즉 인지자본주의에서 이윤이 지대가 된다는 건

---

1 "이윤의 지대 되기"에 대해선, 조정환, 「착취와 지배의 인지화」, 『인지자본주의』, 갈무리, 2011, 138~142쪽; 맛떼오 파스퀴넬리, 「공유지의 기생체」, 『동물혼動物魂』, 서창현 옮김, 갈무리, 2013, 169~176쪽. 베르첼로네와 마라찌의 더 상세한 논의로는, Carlo Vercellone, "De l'ouvrier-masse au travail cognitif"; Christian Marazzi, "Sur le devnir rente du profit", *European Journal of Economic and Social*

하이퍼링크에 통행세를 매긴다는 것이다. 관종의 상황도 그와 같다. 관종은 관심의 축적을 위해 반드시 점령해야 할 인지 토지를 가지고 있다. '셀프'가 그것이다. 아무리 계정을 갈아타고 사이트를 바꾼다 하더라도 @·#·👍 등 온갖 기표들을 동원해서 반드시 지시해야 할 지시대상, 셀프. 인터넷에서 셀프가 스스로를 확장한다는 것은 하이퍼링크를 통해 네트워크를 점령해 나간다는 뜻이고, 네트워크를 점령한다는 것은 하이퍼링크의 통행세를 관심으로 거둔다는 뜻이다. 이런 땅 욕심은 그의 금융자본적 기질과 결코 모순되지 않는다.

관종에겐 제국주의자의 면모가 있다. 네트워크 전체가 그의 미개척지 아메리카다. 셀프는 그의 국가이자 제국이다. 관심은 자원이되, 국유 자원이다. 엄밀히 말해서 '좋아요'는 단지 화폐가 아니다. 그건 **세금**이다. 그런 점에서 관종은 제국주의 전쟁을 수행하고 있다. 네트의 광활한 대지에, 거의 무한대의 부와 자원이 그의 눈앞에 펼쳐져 있다. 그가 선점할 수 있는 링크, 그가 점령할 수 있는 영토는 원리상 무한하다. 노출될 수 있는 모든 것, 아니, 빛 자체가 그의 과세 대상이다. 셀프는 **타자의 인클로저**다. 대상의 식민화다. 순간으로 울타리 쳐진 셀프의 토지에는 조회수와 팔로워만큼 많은 거류민들이 거주하며, 해시태그로 결속된 온갖 이미지와 말들이 시민들로 우글거린다. 태그tag는 택스tax다. 여기서 면세점은 불법, 탈세는 범죄다. 2020년 한국, 팔로워를 대신 늘려 주는 한 SNS 대행업체의 온라인 팸플릿은 다음처럼 공지하고 있다. "선팔 기능으로 팔로잉이 일시적으로 늘어날 수 있지만 24시간 안에 맞팔되지 않으면 자동으로 언팔됩니다."

관종은 원하건 원하지 않건 잠재적 제국주의자의 운명이다. 아무리 인기가 없는 SNS 유저라도 다를 건 없다. 그의 제국주의적 공격성은 현실적 능력이 아니라, '나는 무한히 팽창할 수 있다'라는 잠재적 조건으로부터 부과되는 것이기 때문이다. 더구나 그 조건, 누구에게나 평등하게 주어진다. 이게 참 가혹한 일이다.

그런 조건이 공황을 초래한다. 제국주의자에는 두 유형이 있다. 첫 번째는 레닌의 강박증적 제국주의자다. 그는 안팎으로 저항에 직면해 있다. 그는 토지와 자원을 지키려 한다. 그래서 전쟁으로 모두 잃기 전에 다른 열강과 "세계를 분할"하는 데에 합의한다.[2] 두 번째 유형은 룩셈부르크의 편집증적 제국주의자다. 그에게 저항은 문제될 게 없다. 저항하는 족족 외부를 내부로 포섭하며 축적하기 때문이다. 그런데 그게 더 큰 문제다. 언젠가 포섭할 외부가 고갈되면 축적도 중지될 것이기 때문이다. 그러나 그는 그따위 고민은 개나 줘 버리고 축적을 계속하기로 한다. 그래서 더 많은 상품과 화폐로 고갈되어 가는 외부의 빈자리를 가리며, 그것이 공황을 자초하는 줄도 모른 채 과잉 공급되는 부가 제국의 천정이라고 맹신하며 천상의 빛을 향해 부상한다.

적어도 레닌의 제국주의자에겐 세계가 있었다. 저항하는 대상이 있었고 그래서 억압을 반복했다. 그러나 룩셈부르크의 제국주의자에겐 그런 대상도 없다. 대상이 있는 족족 집어삼키며 과잉이 곧 구원이라는 망상에 사로잡혀 축적만을 반복하다 스스로 붕괴한다. 그는 인플

---

2 블라디미르 일리치 레닌, 「열강 간의 세계분할」, 『제국주의론』, 남상일 옮김, 백산서당, 1986. 레닌의 제국주의자는 타자를 가지고, 고로 불안을 가진다. 그는 적어도 "투쟁에서 뒤처지지 않을까 염려"한다(117쪽).

레이션이 가치의 붕락이라는 세계의 진실을 알지 못한다. 그에겐 세계가 아예 없기 때문이다. 과잉 축적이 곧 과잉 행복이라는 망상이 그를 가린다. 이로써 경제적 침체depression는 곧 심리적 우울depression이 된다.

관종은 두 번째 유형에 가까워 보인다. 그는 외부를 내재화하는 방식으로만 식민화할 수 있기 때문이다. 그에겐 셀프가 그의 유일한 외부이고, 유일한 시장이자 식민지다. 관종은 말 그대로 '셀프 마케팅' 한다. 어떤 셀프도 외부에 시장을 가지지 못한다. 좋아요, 팔로우, 해시태그 등 온갖 기표가 그를 막는다. 그는 차라리 기표를 팽창시키고 스스로에게 과주입하는 방식을 택한다. 그로써 '마지막 소비자는 누구인가?'[3]라는 룩셈부르크의 질문에, 관종은 '셀프다'라고 당당하게 대답하고는 공황으로 침몰해 간다. 그 대상성의 무無 속으로. **셀프의 공황이 곧 우울증이다.**

20세기의 경제적 공황은 사물의 과잉 공급, 통화량

---

3 Rosa Luxemburg, *The Accumulation of Capital*, trans. Agnes Schwarzschild, Yale University Press, 1951[1913], p.330. 원문은 "새로운 소비자란 누구인가"이다.

의 인플레이션에 따른 화폐 가치의 폭락이었다면, 21세기의 심리적 공황은 기호의 과잉 공급, 링크의 인플레이션에 따른 **존재 가치의 폭락**이다. 세계 안에서나 마음 안에서나 '세이의 법칙'은 여전히 통하지 않고, '유동성의 함정'은 여전히 통한다. 대상의 인플레이션은 셀프의 확장이 아닌, 셀프의 인플레이션을 초래한다. '좋아요'의 풍요는 진짜 대상이 무엇인지 인지하는 현실 감각 자체를 빈곤으로 몰아넣는다.

마르크스주의가 관심의 패러다임을 읽는 마지막 이론일 수 있다면, 그것이 부의 축적에 필연적으로 함축된 빈곤의 축적을 여전히 응시하고 있기 때문이다. 기호·링크·자아의 풍요에 필연적인 대상·의미·타자의 빈곤을.

그 이론적 이점에도 불구하고, 보드리야르를 포함한 탈근대 이론가들은 이런 폭력성을 간과하는 경향이 있다. 이는 기호가 대상에게 행사하는 폭력일 텐데, 그들 이론은 으레 대상이 소거된 뒤부터, 즉 기호와 대상의 일치가 보증되고 증명된 뒤부터 시작하기 때문이다. 하지만 증명 과정의 기호학적 폭력이란 무엇인가? 그렇게 완전하고 안전하게 증명되었다면, 셀프는 왜 자학하고 자책하는가? 오늘날 우리는 왜 우울한가? 시뮬라시옹은 대답할 수 없다. 증명 과정을 생략하기 때문이다. 그것은 그저 증명 결과를 비아냥댈 수 있을 뿐이다. 보드리야르 기호론의 취약점은 바로 여기에 있으며, 그런 점에서라면 네그로폰테의 디지털 낙관론과 크게 다를 바가 없다. 시뮬라시옹엔 공황론이 없다.

마르크스주의엔 있다. 마르크스는 **주체와 대상을 분리하는 폭력**으로 '계약'contract을 말한다. 힐퍼딩은 '카르텔'을, 종속이론가들은 '부등가교환'을 덧붙였으나, 모두 계약의 다른 이름들이었다. 가라타니 고진도 기호 체계에 내재하는 이질성과 타자성을 억압하고 은폐하는 폭력으로서 계약을 적시한다. 애초부터 "돈은 약속이다".[4] 이런 작가들은 자본은 잉여축적의 법칙이나, 생산물의 일부를 잉여가치로 분리하는 계약의 폭력 없이는 성립되지 않는다고 강조한다. 말하자면, 제국주의자는 설득하거나 회유하지 않는다. 그는 계약시킨다. "로마의 노예는 쇠사슬로 얽매여 있었지만, 임금노동자는 보이지 않는 끈(계

---

4 박성미, 「괴상한 시스템, 돈」, 『선한 분노』, 아마존의나비, 2015, 72쪽.

약)에 의해 얽매여 있다."[5] 계약의 올가미도 기호의 원환을 이루나, 이는 대상을 포섭하는 게 아니라 밀어내기 위해서다. 고로 계약은 시뮬라시옹과는 정반대의 증명법이다. 계약은 계약자에게 더는 대상이 남아 있지 않음을 직접 보여 줌으로써 앞으로 어찌할지를 지시한다. 시뮬라시옹의 지시관계가 순환적이고 내포적이라면, 계약의 지시관계는 직선적이고 배재적이다. 그래서 **계약은 폭력의 논리다.** 계약은 대상의 결핍을 증명prove함으로써 주체의 욕구를 추동하는propel 폭력의 '앞으로!'pro-다. 공황이란 이런 폭력적 지시관계에 대한 세계의 자연스러운 반응일 뿐이라고 마르크스주의는 말한다.

계약은 인터넷 시대에도 유효할뿐더러 더 미시화되었다. 디지털이 이미 '원자'로부터 '비트'로의 분리다. 비트는 원자를 계약시킨다. 인간도 원자다. 그러니, 강남훈이 다음처럼 말할 때 노예문서부터 HTTP로까지 이어지는 기호의 폭력에 대해 얼마나 적나라하게 꼬집었던 것

---

5 칼 마르크스, 『자본론 I』(하), 김수행 옮김, 비봉출판사, 2009, 7편 23장, 779~780쪽. "자본주의적 생산과정은 자본관계 자체를 재생산한다"(787쪽). 시초축적에 관한 부분도 보라(8편, 1033쪽, "폭력 자체가 하나의 경제적 잠재력이다").

인가. "비트는 냄새도 색깔도 없다. 그러나 사람들은 비트로부터 냄새를 맡고 색깔을 구별할 수 있다. 사람들이 냄새를 맡고 색깔을 구별하는 방법에 관하여 약속을 하였기 때문이다. 정보혁명의 창세기는 '태초에 약속이 있었다'라는 문장으로 시작되어야 할 것이다."[6]

조정환은 '명령'을 말한다. 이야말로 자본이 수행하는 계약의 다른 이름이다. 그에 따르면, 명령은 시뮬라시옹과는 정반대의 방식으로 작동한다. 그것은 연결하기보다는 분할하고, 매개하기보다는 포획하고, 통합하기보다는 차등화한다. 사물의 흐름을 분리하고(C-M-C), 기호의 흐름을 분리하고(M-C-M′), 잉여의 흐름을 분리한다(M-M′). 하지만 명령이 흐름을 분리하는 것은 그 재결합을 선점하고, 그로부터 힘의 일부를 흡수하기 위해서다. 명령은 산업자본주의의 시대에도 척도 뒤에 숨어서 작동했지만, 자본의 추상화와 노동의 비물질화가 일어나는 네트워크 사회에 이르러선 아예 척도를 대행하는 관계와

6 강남훈, 「정보혁명의 두 가지 요소」, 『정보혁명의 정치경제학』, 문화과학사, 2002, 40~41쪽.

링크가 된다. 명령은 $M-C-<^{MP}_{LP}\cdots P\cdots C'-M'$의 모든 연결부 '–'마다 끼어들어 분할, 분할, 분할을 외치며 자본의 변신을 촉진한다.[7] 명령은 자본주의 기호계의 신경망이다. 그것은 과잉 노동과 과소비를 명령하고, 과잉 클릭과 과잉 링크를 명령하고, 파산과 신용불량을 명령하며, 그럼에도 계속해서 욕구의 주체일 것을 명령한다. **계약은 명령이다.** 시뮬라시옹도 사실 명령이다. **"잉여노동은 언제나 강제노동Zwangsarbeit이다."**[8]

이는 인지자본주의뿐만 아니라 관심자본주의에서도 진실이다. 일반적으로 관심의 가치는 등가성과 척도가 아니라, 강제와 명령에 의해서 정당화된다. '좋아요'는 등가교환이 아니다. 하이퍼링크도 척도가 아니다. 모든 잉여노동이 강제노동인 것처럼, 모든 하이퍼링크는 커맨드

---

7 조정환, 『인지자본주의』, 척도에서 명령으로의 화폐기능변화에 대해선 4장, 103~116쪽, 6장, 182~195쪽 참조. 명령의 개입에 의한 이윤의 분할에 대해선 5장, 127~138쪽 참조. 조정환의 다음 정의가 이미 명령을 자본의 필수적 요소로 고려했다. "자본주의는, 사회화된 노동력을 노동수단과 강제적으로 분리시킨 후에 다시 재결합시킬 때 나타나는 특수한 효과인, 잉여가치를 착취하도록 구축된 사회적 다이어그램이다"(58쪽).

8 칼 마르크스, 『자본론 III』(하), 김수행 옮김, 비봉출판사, 2004, 7편 48장, 997쪽.

링크다. 셀프가 노출 명령인 것처럼, 셀카도 '좋아요' 하라는 명령이다. **명령을 따르지 않는 관심이란 있을 수 없다.** 팔로워는 재지 않는다. 그는 '따른다'. 심지어 관종 자신도 셀프에 '따른다'.

디지털 예찬론자라면 콘텐츠의 비트화가 증여에 기반한 선물경제gift economy를 가져올 거라 막연히 희망할는지도 모르겠다. 하지만 관종에게 그것은 명령에 기반한 축적 경제의 가속화를 의미할 뿐이다. '좋아요'가 이미 선물인데 뭘 더 선물할 수 있을까. 그러니, 관심의 네트워크에서 정보와 신호의 비트화는 명령의 비트화를 의미할 뿐이다.

명령은 어떤 기표에도 내재하나 보이진 않는 기표, 한계기표 또는 잉여기표다. 들뢰즈·가타리가 말하는 "잉여성"redondance이다.[9] 기표도 축적되나 그와 함께 축적되고, 그보다 더 축적되는 것은 명령이다. 증식되고 전

---

9 질 들뢰즈·펠릭스 가타리, 「1923년 11월 20일-언어학의 기본 전제들」, 『천 개의 고원』, 김재인 옮김, 새물결, 2001, "명령어는 그 자체로 행위와 언표의 잉여이다"(155쪽). 저자들이 자주 참조하는 카네티의 논의로는, 엘리아스 카네티, 「명령」, 『군중과 권력』, 강두식·박병덕 옮김, 바다출판사, 2002. "언어가 있기 전에도 명령이 있었다"(405쪽).

파되는 것도, 불어나고 넘쳐나는 것도 명령이다. 그리고 그것은 기호의 비트화와 함께 비트화되었다. 명령은 링크되고 포스팅되고 다운로드되고 Ctrl＋C/V된다. 정말이지, 이제 사방팔방에서 명령이 떨어진다. 용모의 개별성, 정보의 격차, 취향의 차이, 해시태그나 링크의 미세한 경로 차 등 아무리 사소한 편차에서도 명령은 터져 나온다. 편집증자는 명령을 환청으로 듣지만, 우리는 소리 없이도 듣는다. 그것은 우리에게 셀프가 될 것을 명령한다. 더 많은 관심을 축적할 것을, 더 많은 팔로워를 식민화할 것을, 그러기 위해서 자신을 더 노출하되 저항하지 말고, 도리어 방해물이 될 수치심과 분노는 내팽개칠 것을, 그 대신 #와 👍로 이루어진 영원한 현재 안으로 도피하여 셀프로서 영원토록 행복할 것을, 설령 그것이 한 발자국만 잘못 디디면 공황으로 붕괴할 사상누각일지라도, 그럴수록 더 많은 👍로 그 우울한 심연은 덮어 두고 셀프의 제국을 더더욱 크게 확장할 것을, 그 안에서 더 더 더, 영원히 더 행복할 것을, 우리에게 명령한다.

관종은 증명을 명령받는다. 셀프의 현실성을, 순간의 완전성을, 행복의 영원성을 증명할 것을, 그러기 위해서 공황이나 죽음 따위는 두려워하지 말 것을, 아예 죽음이란 없는 것이라 가정할 것을, 결국 그 자신이 아예 '존재'하지 않을 것을 명령받는다. 이런 점에서 명령은 본질적으로 사형선고라는 카네티의 통찰은 날카롭다.

8장
하이퍼 민주주의

루소는 그리스처럼 날씨가 좋아야 민주주의가 된다고 말
했다. 사람들이 광장에 끊임없이 출석해야 한다는 이유
에서였다. 인터넷은 그런 기후와 광장을 찾았다. 하이퍼
링크라는 기후와 네트워크라는 광장을. 근대주권론의 '만
인에 대한 만인의 투쟁'을 '만인에 대한 만인의 링크'로
대체하면서 하이퍼링크에 의한 민주주의, 하이퍼 민주주
의는 태어난다.

하지만 그렇다고 바로 아고라 광장이 나왔을까? 그
럴수록 더 커지는 간극이 있다. 서로 으르렁대긴 했어도
근대의 자유주의와 민주주의는 모두 개인주의individual-

ism를 전제한다. 광장에 출석하여 자유로이 발언하는 자도 개인이고, 논쟁하여 이기고 지는 자도 개인이다. 당대 군주론의 '만인에 대한 만인의 투쟁'을 자유주의는 '만인에 대한 만인의 자유'로 대체했으나, 개인은 개인에 대해 존재하며, "자유는 저항의 결핍absence of opposition"[1]을 의미한다는 점에선 여전히 한솥밥이었다. 근대 민주주의는 존재의 패러다임인 것이다. 반면 이번 세기의 하이퍼민주주의는 관심의 패러다임에 속한다. 하이퍼링크의 자유는 저항을 전제로 하지 않는다. 의사를 표현하는 개인이 독자적인 것도 아니다. 발언이 더 많은 링크와 '좋아요'에 종속되는 한, 한 개인이 자신의 의견을 말하는 것인지, 아니면 남의 의견을 대신 말하는 것인지 불분명하며 또 분명할 필요도 없다. 관심의 패러다임은 민주주의 광장을 주체 대 대상의 구도에서 **셀프 대 셀프의 구도**로 재편한다. 원리상 여기서 개인은 존재하지 못한다. 타인이 없기 때문이다. 개인의 의견이란 것도 존재하기 어렵다.

---

1 토마스 홉스, 『리바이어던』, 한승조 옮김, 삼성출판사, 1983, 21장, 282쪽. 고로 "공포심과 자유는 일치한다"(283쪽).

그것은 누구나 접속 가능한 하이퍼텍스트일 뿐이다.

마누엘 카스텔 같은 네트워크 사회학자들은 "네트워크화된 개인주의"는 언제나 있어 왔고 인터넷은 그를 거들었을 뿐이라고 말하지만,[2] 이는 아직 존재의 패러다임에서 링크를 사유하기 때문이다. 관심의 패러다임에선 개인이 하이퍼링크를 지배하지 않는다. 반대로 하이퍼링크는 개인을 초개인화hyper-한다. 과잉 평등한 셀프로 과분극화hyperpolarize해 버린다. 이와 함께 집단도 유유상종 뭉치도록 과분극화된다.

의견이 하이퍼텍스트가 되면서 잃는 것은 저항성resistance이다. 전통적인 광장에서 말은 '원자'였다. 무게를 지녔고, 서로 저항받음으로써만 가치를 가졌다. 로마 민회에서 호민관 비토권과 비밀투표권은 이 저항성을 보호하기 위해 고안된 장치들이었다. 반면 인터넷과 SNS의 광장에서 말은 '비트'다. 멀리 옮겨지는 말만이 가치 있으며, 문법 역시 말에서 "무게와 저항을 거세"[3]하는 쪽으로

2 마누엘 카스텔, 「가상 공동체인가, 아니면 네트워크 사회인가?」, 『인터넷 갤럭시』, 박행웅 옮김, 한울아카데미, 2004, 180쪽.

3 백욱인, 「정보」, 『디지털 데이터·정보·지식』, 커뮤니케이션북스, 2013, 15쪽. "지

진화해 왔다. 무거우면 저항을 받아 멀리 못 가기 때문이다. 그러니 문장은 짧고 간결해야 한다. 근거도 무거우니 생략된다. 말하는 이의 위치를 밝히는 것도 낭패다. 장소에 발이 묶이기 때문이다. 전염성을 위해 압축 효율은 핵심이다. 잘 압축된 인터넷 조어는 "머리를 전혀 쓰지 않고 말이 후두부를 통해 자동으로 흘러나오게" 한다.[4] 지시대상도 광범위하면 무겁다. 사형제와 인류가 어쩌고 하는 말은 멀리 못 간다. '인류'라는 지시대상이 너무 무겁다. 그러나 흉악범 기사 밑에 콕 집어 '저 새끼 죽여라'라고 댓글을 달면 으레 압도적인 '좋아요'를 받아 낸다. 일반적으로 인터넷과 SNS에서 비밀투표는 외려 비밀을 없애고, **말은 노출증자가 된다.** 더 멀리 전파되고 더 많이 노출되기 위해 노출증자가 벗어던지는 모든 현실의 무게를 벗어던진다. 현실에서 바바리맨은 십 리도 못 가서 잡힌다. 그러나 인터넷과 SNS에선 속내를 까고 벌거벗는 말이 천 리를 간다. 2020년 한 유튜브 콘텐츠 밑에 달린 베

식의 모듈화"에 대해선 3장도 보라. "디지털 시대의 지식은 레고 블록과 비슷하다"(24쪽).

4 백욱인, 「인터넷 왕국들」, 『인터넷 빨간책』, 휴머니스트, 2015, 127쪽.

스트댓글은 "노잼", 단 한 마디였다.

하이퍼링크가 지향하는 바는 무거운 것의 다수성이 아니라, 가벼운 것의 과잉성이다. 충분히 무게를 덜어 내 우주 끝까지 단숨에 배송 가능해진 비트-의견들bit-doxa이 네트워크를 범람한다. 가벼움의 과잉은 경중을 무차별화한다. 유의미한 말과 무의미한 말은 뒤섞여 특정 의견은 검색이 외려 어려워질 뿐만 아니라, 그 맥락과 상황으로부터 뽑혀 나와 점점 등질적인 데이터에 지나지 않게 된다. 의견은 그저 정보가 되었다. "학문에는 왕도가 없다"라는 마르크스의 말이 '오늘의 명언'으로 블로그에 Ctrl+C/V 되어 돌아다니지만, 그것이 공부를 열심히 하잔 건지 혁명을 열심히 하잔 건지, 정말로 마르크스가 한 말인지 유클리드가 한 말인지 알 수 없고 알 필요도 없다. 누구나 어디서도 의견을 던질 수 있지만, 같은 이유로 누구도 그 의견이 어디서 누구로부터 왔는지 알기 어렵고 또 신경 쓸 필요도 없다. 어차피 믿거나 말거나 둘 중 하나이기 때문이다. 하이퍼링크는 "아무 곳도 아닌 곳에서의 견해"views from nowhere만을 과잉 공급하며 "무소부재한 논자들"ubiquitous commentators만을 링크시킨다.[5] 하이퍼링크가 반성의 형식 Re-보다는 '앞으로!'의 형식 Pro-를 가지는 한, 주체에서 대상을 소거함과 동시에 그의 말에서 무게를 소거한다. 이때 공론장은 장場이 아니다. 의견의 송신처도 수신처도 특정 불가능하므로 책임소재도 불분명하며, 말하고 듣는 이가 입장으로부터 분리되어 말도 입장을 잃기 때문이다. 여기엔 아예 장소 topos가 없다. **말은 무게를 잃음으로 장소를 잃는다.** 드레이퍼스의 너무도 적절한 표현대로, 하이퍼링크는 말을 그가 현전해야 할 장소로부터 **"뿌리 뽑는다"**deracinate.[6]

결국 문제는 저항감을 포기하고 질량감도 포기한 민주주의가 과연 민주주의냐는 것이다. 링크가 뿌리를 대체한 장소 없는u-topos 민주주의가 과연 민주주의냐는 것이다.

플라톤은 민주주의를 비웃었다. 민주정dēmokratia의 데모스demos는 "멋대로 하는 자유"exousia에 빠져서 노인과 어린이, 통치자와 피통치자, 인간과 짐승의 분별없이

---

5 휴버트 드레이퍼스, 「정보 고속도로의 허무주의: 현시대에서 익명성과 헌신의 대립」, 『인터넷의 철학』, 최일만 옮김, 필로소픽, 2015, 125~130쪽.
6 앞의 책, 130쪽.

나돌아 다닌다는 것이다. 심지어 여기선 짐승조차 너무 자유로워 길을 가다 비키지 않으면 들이받는다.[7] 즉 데모스는 너무 가볍다. 그들은 광장에 출석하는 '개인'이 아니다. 그들은 제자리가 없는 것처럼 이랬다저랬다 살아가거나, 제자리에서 뿌리 뽑혀 "혼령"처럼 떠돈다.[8] 데모스의 '멋대로 하는 자유'exousia란 **존재ousia로부터의 뿌리 뽑힘ex-**에 다름 아니다.

대신 플라톤은 정치가 진리의 인식epistēmē에 입각할 것을 제안한다. 진리의 인식만이 인간을 존재에 뿌리 내리도록 하기 때문이고, 이는 공동체에 대해서도 마찬가지기 때문이다(그래서 본paradeigma에 더 가깝게 다가가는 통치자가 더 좋은 정체를 가진다[9]). 진리란 먼 우주의 신비로운 메시지가 아니다. 플라톤은 『티마이오스』에서 원소들이 서로를 밀고 압박하며 저항하는 과정을 통해 만물이 생멸하는 과정을 묘사한다. **진리란 저항성이다.** 존재에 뿌리내림이란 타자에 저항하고 저항받음이며, 그로써

---

7 플라톤, 『국가·정체』, 박종현 옮김, 서광사, 1997, 547~548쪽(8권, 562e~563d).
8 앞의 책, 538쪽(8권, 558a).
9 앞의 책, 420~423쪽(6권, 500d~502b).

제자리topos를 찾음이다.[10] 그러니까, 플라톤이 민주주의에 실격 판정을 내릴 때 최소한 그는 어떤 정치체제도 진리와 저항성의 인식을 통해 존재의 패러다임에 입각해야 한다고 말하는 것이다.

플라톤의 눈에 민주정이 2500년 뒤에 도래할 관심의 패러다임으로 보였던 건 우연일까. 실제로 그는 민주정을 노출증과 조절장애의 세계로 묘사한다. 그것은 제자리를 몰라 "부끄러움을 모르는 상태"anaideia이며, 저항감도 없어 "전쟁에 숙달한 사람들이 부러우면 그쪽으로 이동하고, 돈버는 사람들이 부러우면 이쪽으로 이동"하며, "벌떡 일어나서는 생각나는 대로 말하고 행하며" 진리에 하이퍼링크를 걸려고 하는 주의력 결핍 과잉행동장애 ADHD 상태다.[11] 한마디로 플라톤에게 데모스란 '들뜬 셀

---

10 플라톤, 『티마이오스』, 박종현·김영균 옮김, 서광사, 1999. 장소 또는 자리(topos)에 대해서는, 161~162쪽(57c~57d). 무거움과 가벼움에 대해서는 177~180쪽(62c~63d). 플라톤은 종종 지성(nous)을 천상을 향하는 뿌리(rhiza)에 비유하기도 한다(251쪽, 90a).

11 플라톤, 『국가·정체』, 545쪽(561d~e). 플라톤은 육체를 무시했던 작가가 아니다. 그는 공동체를 육체로 간주하며, 그 타락을 질병으로 간주한다. 특히 과잉에 의한 질환을 지적한다[8권, 549~550쪽(563e~564b)].

프들'hyper self의 무리였다. 존재의 패러다임을 멸시하며 공동체 전체를 존재로부터 뿌리 뽑고 있는ex-ousia.

진리는 하이퍼링크로 포착되지 않는다. 이것이 플라톤이 민주정의 미래에 대해 경고한 바다. "벌떡 일어나서는 생각나는 대로" 하이퍼링크 걸어 봤자 존재도 무게도 잡히지 않는다. 하이퍼링크 자체가 장소와 뿌리의 소거이기 때문이다.

물론 관심의 패러다임도 넋 놓고 있진 않았다. 근대 민주주의가 숱한 혁명과 부패, 또 시행착오와 제도적 보완을 통해 플라톤의 저주를 퇴마해 왔던 것처럼, 하이퍼 민주주의도 진리를 분별해 내는 자정작용을 나름대로 구축해 왔다. 하지만 그것이 존재의 패러다임으로의 복귀를 의미하진 않는다. 반대로 그것은 진리를 양화시키거나 교조화하는 방식에 의해서였다. 가령 '팩트'는 말의 진리성을 그 지시대상의 존재 여부로 환원시켜, 의견을 정보나 데이터로 만들어 버린다. 반면 '도덕'은 말의 뿌리를 오랫동안 용인되어 오던 도그마에서 찾는다. SNS 콘텐츠 중에 가장 일방적으로 '좋아요'를 얻어 낼 수 있는 것은 '개똥녀', '막말남' 등 도덕적 비난이다.

팩트와 도덕보다 더 널리 통용되는 세 번째 방식은 '취향'이다. 팩트가 수량화하고 도덕이 교조화한다면, 취향은 차단block한다. 그것은 말의 뿌리를 지시대상이나 법칙에서도 찾지 않으며, 차라리 그가 뿌리내릴 수 있는 영토를 찾는다. 트위터, 페이스북, 유튜브의 세계는 취향에 따라 계정과 채널이 분류되며, 각각 안에서는 취향에 배반되지 않는 모든 말과 행동들이 허용된다. 취향을 배반하는 분탕질 어그로나 악플러는 친구삭제unfriend된다. 차단에 저항하는 행위가 으레 명예훼손죄가 되는 것은 취향이 영토를 분할 통치하는 명분이기 때문이다. 막장 방송으로 인기를 끌었던 한국의 한 BJ는 인터뷰에서 다음처럼 말한다. "개인방송이기 때문에 보기 싫으면 나가라고 말씀드리고 싶어요." 또한 2019년 인터넷에서 레깅스 논쟁이 불거졌을 때 베스트댓글은 다음과 같았다. "입는 것도 자유, 쳐다보는 것도 자유." 차단은 어떤 의견도 각자의 영토 안에 봉인된 **각자의 진실**로 만든다. 이런 점에서 SNS의 세계는 민주제보다는 봉건제에 가깝다. "페이스북은 만인을 하나의 큰 방에 몰아넣고는 친구라고 부른다. 이런 뒤섞기scrambling가 관계를 단절시킨다."[12]

세 가지 인식 방식 모두 의견의 뿌리를 존재의 특성이 아니라 하이퍼링크의 기능에서 찾는다는 점에서, 여전히 관심의 패러다임에 남아 있다. 실제로 그런 방식들은 데모스가 셀프들의 집합으로 재편되는 과정과 유비적이다. 팩트는 셀프와 셀프 사이의 중립지대에서 뿌리를 찾고, 도덕은 셀프들을 통합하는 초월적 법칙에서, 취향은 셀프 내부에서 뿌리를 찾는다. 하지만 플라톤의 저주는 이런 미봉책들로 결코 퇴마되지 않는다. 외려 세 가지 방식은 플라톤이 함께 조롱했던 나머지 세 가지 정치체제를 닮아 간다. 팩트에 의해 진리는 등질화되어 가산적인 재산이 되고(과두정), 도덕에 의해 진리는 권위화되어 폭력이 되며(참주정), 취향에 의해 진리는 고립되어 훈장과 트로피가 된다(명예지배정). 인터넷 게시판에서 의견들이 점점 많아지고 분별이 어려워질수록 팩트의 사실

---

12 Siva Vaidhyanathan, *Anti-Social Media: How Facebook Disconnects Us and Undermines Democracy*, Oxford University Press, 2018, p.20. 페이스북의 반민주적 기능을 여러 측면에서 고찰하는 책이다. 특히 페이스북이 축적한 빅데이터의 독점과 그를 통한 유권자 맞춤형 캠페인으로 선거에서 승리한 사례(브렉시트, 트럼프 대선 승리)를 분석하는 6장을 보라("마케팅은 시에서 공학으로 변모했다. 정치도 그렇다." p.163).

성, 도덕의 권위, 취향의 자유에 점점 호소하는 것은, 우리가 자유와 평등을 하이퍼링크를 따라 정의하려고 하기 때문이고, 민주주의를 실현하기보다는 그 정의를 왜곡하고 오해하는 쪽을 택하기 때문이다.

정말이지, 관종들만의 민주주의는 어떨까? 노출의 자유와 '좋아요'의 평등한 분배를 위해 합의를 도출하고, 대표를 선출하고, 그 절차적 정당성에 입각해 각자의 입장을 걸고서 치열하게 논쟁할까? 그럴 일은 없다. 링크와 '좋아요'가 원리상 무한정하다. 서로의 노출을 침해하지 않는 한, 모든 노출은 이미 진리다. 합의는 다른 곳에서 따로 일어난다. **노출증자는 민주주의를 구성하지 않는다.** 그럴 필요를 못 느끼기 때문이다. 그에게 '만인에 대한 만인의 노출'은 이미 충분히 민주적으로 보인다.

오늘날 인터넷과 SNS에서 자유와 평등의 문제는 진리의 결핍이 아니라 **진리의 과잉**에 있다. 사실과 정보, 도덕 법칙, 개인 취향은 부정될 수 없는 지나친 진리들이며, 양적으로도 과잉 공급된다. '좆문가'나 '진지충' 같은 단어에서 보이는 지식 혐오증은 지식의 상실이 아니라 지식의 범람에 더 연원한다. '가짜 뉴스' 같은 허위 정보가 인터넷 민주주의의 오염원이라는 것도 잘못된 생각이다. 허위 정보는 오히려 정보의 과잉에 기생한다. 2016년 도널드 트럼프 캠프의 승리 요인은 엄밀히 말해 정보의 조작이 아니라, 정보가 조작되어도 티가 나지 않는 하이퍼미디어 환경에 있었다. 이는 꼭 케임브리지 아날리티카Cambridge Analytica 같은 최첨단의 빅데이터 분석 기관이 없더라도, SNS가 충분히 빠르고 촘촘하기만 하면 어디서도 일어날 일이다. 그때 언론은 SNS를 자연스레 따라가고 또 닮아 가다가, 끝내 언론의 객관적 기능을 상실한다. 한국을 보라. 혐오의 정치는 망상의 정치로서, 사실과 망상이 식별되지 않는 과잉 진리 상태에서만 작동한다. 2019년 9월 한국, 한 장관 후보자의 임명을 저지하기 위해 언론은 한 달 동안 무려 100만 개의 인터넷 기사를 쏟아 냈는데, 나중엔 무엇이 사실이고 의혹인지 분간이 되지 않았고, 사안의 경중 자체를 가늠할 수 없게 되었다. 몇십만 개의 기사가 십자포화를 퍼부었던 이슈는 고작해야 장관 후보자의 딸이 대학입시 자기소개서에 첨부했다는 봉사활동 표창장의 진위 여부였다. 관심의 패러다임에서 언론은 SNS를 인용하는 데 그치지 않는다.

언론은 SNS를 질투하고 모방하며, 결국 SNS 자체가 되려고 한다.

그러니까, 본성상 하이퍼링크는 **진리의 하이퍼인플레이션**을 초래한다. 또 그에 따른 진리의 취향으로의 가치 하락이 있다. 인플레이션된 의견이 경청되기란 불가능하다. 그건 재펌되거나 스크롤될 수 있을 뿐이다. SNS엔 진리란 없다. 너무 진리만 있기 때문이다.

SNS가 과공급된 진리의 가치를 보존하는 방법은 각자의 영토(계정·채널·사이트·커뮤니티…)를 분할하여 봉인하는 것이다. 이는 자유의 실현과는 아무런 상관이 없고, 자유를 폴더별로 분극화하는 방식에 지나지 않는다. 자유의 확장이 아니라 자유의 축소다. 소통의 보편화가 소통의 모듈화다. 진실의 전파가 아니라 진실의 양극화다. 본성상 SNS는 합의 도출의 광장이 될 수 없다. 그것은 위기의 순간엔 차단벽을 세우기를 선호한다. 위태로운 합의consensus보다 안전한 불합의dissensus를 택한다.

SNS 여론이 으레 전체 여론과 불일치하는 것, SNS 멘션이 새로운 진실을 찾기보다는 상식적인 수준의 규범을 반복하는 것, 뿐만 아니라 SNS상에서 일어나는 거창한 논쟁이 결국 오프라인에서의 명예훼손죄나 모욕죄 고소로 귀착되는 것은, SNS가 뭐든지 균형보다는 과잉으로 시작하고, 뭐든지 타협보다는 차단으로 끝내기 때문이다. 2012년 일베가 각종 역사 자료를 짜깁기한 후 유언비어와 혐오발언을 제조하여 마구잡이로 퍼뜨리자, 비민주적인 방법을 동원해서라도 사이트를 폐쇄하자고 하는 사람들에게 진중권은 "쓰레기는 쓰레기통에 잘 모아 둡시다"라고 충고했는데, 이는 1인 커뮤니티인 SNS에도 두루 적용될 수 있는 말이다. 진중권은 진리는 논쟁의 대상이나, 취향이 되어 버린 진리는 차단의 대상임을 안다. 시바 바이디야나단의 말처럼, SNS는 "사람들을 연결하는 만큼 갈라놓는다".[13] 차단 버튼이 없었더라도 팔로워와 해시태그가 이미 그런 차단의 기능들이다. 분극화는 차단을 촉진한다. 하이퍼링크의 본질엔 하이퍼차단의 개념이 반드시 함축되어 있다. **차단은 SNS의 정치적 본질이다.**

　　SNS가 선하고 정의로운 미디어라고 말하는 사람들은, 바로 옆 동네에선 SNS가 악마의 도구가 되고 있음을

13 *Ibid.*, p.4.

알지 못한다. 차단되어 있기 때문이다.

일반적으로, 진리의 인플레이션이 진리를 취향으로 만든다면, 진리의 차단은 취향을 진리로 만든다. 하지만 어느 경우나 존재는 공황으로 향한다. 결국 같은 인플레이션 효과이기 때문이다.

날씨가 좋아야 민주주의가 된다는 루소의 예언은 최소한 오늘날의 사태로 봤을 땐 틀린 것 같다. 날씨가 너무 좋아도 사람들은 광장에 나오지 않는다. 볕 잘 드는 집안이 이미 광장이라 나올 필요가 없기 때문이다. 더구나 과잉의 햇볕은 대기의 인플레이션을 불러온다. 지구 온난화에 살아남을 뿌리는 없다.

하이퍼링크는 감춰진 진리를 포착할 거라는, 그래서 하이퍼 민주주의는 무의식의 민주주의일 거라는 미래학적 비전으로 도망가 봤자 소용없다.[14] 불행히도, **인터넷엔 무의식 자체가 아예 없다.** 무의식과 의식 사이에 유지되는

14 이런 견해를 취했던 입장으로는 역시, 아즈마 히로키, 『일반의지 2.0』, 안천 옮김, 현실문화, 2012. 하이퍼 민주주의를 지지하는 이런 입장은 으레 '하이퍼링크가 집단무의식을 표현한다'고 전제한다. 그러나 이는 사실과 다를뿐더러, 그런 식의 논지는 무의식을 지나치게 실체화하여, 외려 정치적으로 악용될 소지가 다분하다.

저항성의 긴장관계를 소거하여, 무의식을 가물게 하고 불모지로 만드는 것이 하이퍼링크 자신이기 때문이다. 하이퍼링크가 포착하는 진리는 감춰진 진리가 아니다. 부풀려진inflated 진리일 뿐. 하이퍼 민주주의가 드러내는 의식은 무의식이 아니다. 들뜬hyper 의식일 뿐.

닐 포스트먼에 따르면, 하이퍼링크는 메시지가 아니라 메타포다. 단지 사용자의 소통 방식만이 아니라, 인간의 사고방식과 존재 방식까지 규정한다는 점에서 그렇다.[15] 하이퍼링크는 과잉의 메타포다. 그것은 오늘날 우리가 기대어 살아가는 진리가 어쩌다 과잉이 되었음을 뜻하는 게 아니라, 과잉인 모든 것이 진리로 인식되며, 우리 역시 과잉이 아닌 것은 인식하지 못하게 되었음을 뜻한다. 오늘날, 하이퍼링크된 진리는 사적이지도 공적이지도 않다. 그것은 **부풀어inflated 있고 들떠hyper 있다.** 그를 인식하는 자, 오늘날의 인간도 그렇다.

---

15 닐 포스트먼, 「미디어는 메타포다」, 『죽도록 즐기기』, 홍윤선 옮김, 굿인포메이션, 2009. "시계는 시간을 독립적이며 수학적으로 정확한 순서로 재창조하고, 글쓰기는 마음을 경험이 기록될 서판으로 재창조하며, 전신은 뉴스를 하나의 상품으로 재창조한다. […] 도구에는 본래의 기능을 넘어선 어떤 사상이 내재되어 있다"(33쪽).

물론 이 모든 것이 개인의 잘못은 아니다. 어떤 개인도 셀프 안에서 진리와 뿌리의 필요성을 느끼지 못한다. 셀프가 이미 진리이고 그의 링크가 이미 모든 뿌리이기 때문이다. 엄밀히 말해, 관종은 민주주의에 적대하는 게 아니다. 관종은 민주주의를 아예 필요로 하지 않는다.

그렇기 때문에 '하이퍼 민주주의'란 그 자체로 형용 모순이다.

9장
관종의 주권

자본주의가 임금계약으로 프롤레타리아를 발명한 것처럼, 근대주권은 사회계약으로 '개인'을 발명했다. 17세기 사회계약론이 잘 보여 주듯, 근대주권은 그 재결합을 독점하기 위해 인민의 덩어리mass를 개인individual으로 분할한다.[1] 그로써, 모두가 주권자지만 아무도 주권자가 아

---

1 "인간이 그들 모두를 두렵게 하는 공통의 힘이 없이 사는 시기에는 […] 전쟁은 모든 사람에 대한 모든 사람의 전쟁인 것이다"(토마스 홉스, 『리바이어던』, 한승조 옮김, 삼성출판사, 1983, 13장, 225쪽). 반면 루소에게 분할과 재결합을 먼저 하는 것은 인민이다. 고로 한 명의 군주가 아니라 인민 전체가 주권을 독점한다. "각 사람은 자기를 전체에게 양도하는 것이지 어떤 한 개인에게 양도하는 것은 아니다"(장 자크 루소, 『사회계약론』, 최현 옮김, 집문당, 1995, 1권 6장, 196쪽).

닌 평등하게 무능한 개인들이 나온다. 토크빌의 조롱처럼 그들은 무력함마저 닮았다. 인터넷과 SNS에서 주권자의 탄생도 이와 같다. '셀프'도 발명되었다. 딱 하나 다른 점은 분할 이후에도 주권의 이양이 없다는 것뿐. 그로써, 모두가 주권자여서 아무도 주권자가 아닌 **평등하게 전능한 셀프들**이 나온다.

근대주권은 1인1표주의를 채택한다. 평등을 위해 주권의 제한이 허용되는 패러다임이다. 반면 셀프의 주권은 제한될 수 없고, 셀프들끼리는 무한자로서만 평등하다. 셀프에게 1인1표란 없다. '좋아요'를 무한히 투표할 수 있고 또 무한히 득표할 수 있다. 포털사이트나 SNS 플랫폼이 ID 하나당 하나로 '좋아요'를 제한해 봤자 소용없다. 무한히 길게 댓글을 달 수도 있고, 더구나 선거는 1분 1초마다, 매 포스팅마다 있다. 또 성향이 비슷한 사람끼리 모이면 '좋아요'는 무한정 불어난다. 근대주권이 법 앞의 평등으로 제한된다면, 셀프주권은 '좋아요' 앞의 평등으로 무제한적이 된다. 셀프의 주권은 **무한 평등에 의한 무한 자유**다. 셀프는 욕심쟁이다. 자유와 평등 중에 어느 하나 손해 보려 하지 않으며, 평등의 과잉에서 자유의 과잉을, 또는 거꾸로 자유의 과잉에서 평등의 과잉을 찾으려 한다. 근대주권이 자유와 평등의 문제를 다수성(다수결)majority으로 해결하려 했다면, 셀프주권은 과잉성hyperity으로 문제를 소거하려고 한다. 평등하게 전능한 셀프란 **전능한 동시에 무능한 셀프**를 의미한다. 하이퍼 민주주의에는 진리의 인플레이션에 동반되는 **주권의 인플레이션**이 반드시 있다.

물론 17세기에도 주권의 인플레이션은 있었다. 그러나 그것은 최고주권자와 인민 전체가 일치한다는 환상에 의해서 그럭저럭 통제되고 있었다. 환상은 주권을 양도받는 쪽의 몫이었다. 실제로 홉스의 군주는 스스로를 "인공 인간"artificial man이라고, 루소의 인민은 스스로를 "공통 자아"moi commun로 여겼다.[2] 그들은 주권의 인플레이션을 해결하는 대가로, 각 개인이 자신의 부품이거나 부분 자아라고 망상하는 편집증자가 되기를 택한 셈이다(단, 마키아벨리의 군주만은 달랐는데, 그가 인민 혹은 국가

2 각각 토마스 홉스, 『리바이어던』, 서설, 149쪽; 장 자크 루소, 『사회계약론』, 1권 6장, 196쪽.

를 자신이 잃을 수 있는 '타자'로 여겼기 때문이다. 마키아벨리의 군주는 편집증자가 아닌, 침략과 내란에 항시 대비해야하는 강박증자였다).[3] 반면 인터넷과 SNS에서 주권의 인플레이션을 통제할 최고주권자란 따로 없다. 계약은 평등하게 전능한 셀프들 사이에서 체결되며, 주권은 양도됨없이 오롯이 셀프 각자에게 주어진다. 그러니, 환상도 셀프 각자의 것이 된다. 각 셀프가 이미 하나의 '인공 인간'이고 '공통 자아'다. 링크가 그의 부품이고, 팔로워가 그의 부분 자아다. 하이퍼 민주주의에서 편집증은 군주나인민 전체가 아닌, 셀프 각자의 몫인 것이다.

주권의 가치 하락 또한 이젠 셀프의 몫이다. 무한 득표의 가능성은 무한 사표의 가능성을 의미하기도 한다. 전능한 셀프는 아무것도 할 게 남아 있지 않은 상태를 반드시 전제한다. 17세기 근대주권자의 편집증에도 그런 무기력의 상태가 포함되어 있었다. 가령 인공 인간은 모든부품과 하이퍼링크되지만 바로 그 때문에 각 부품과는

---

3 니콜로 마키아벨리, 『군주론』, 임명방 옮김, 삼성출판사, 1983, 20장. "최상의 성
곽은 인민의 미움을 사지 않는 것이다"(93쪽).

차단될 수 있고, 공통 자아는 모든 부분 자아와는 하이퍼 링크되지만 바로 그 때문에 각 부분 자아와는 차단될 수 있다. 군중의 "인격the person을 하나로 만드는 것은 대표자의 통일성이지, 대표되는 자의 통일성은 아니기 때문이다".[4] 일반적으로, **세계와 연결되는 만큼 세계와 차단된다**는 조울증은 편집증적 주권자의 운명이다. 셀프에게도 마찬가지이나, 이젠 셀프 서로에 대해 그러하다. 즉 평등하게 전능한 셀프는 모두에게 하이퍼링크 걸 수 있는 만큼, **누구에게도 하이퍼차단 당할 수 있다.** 17세기 사회계약론의 군주 혼자서 겪을 일을 오늘날엔 SNS 유저 모두가 겪는 셈이다. 이 모든 것을 상징적으로 보여 주는 사건이 있다. 2010년 한 관종 BJ가 "이명박 대통령과 하고 싶다"라 써진 팻말을 들고 청와대로 돌진했다. 그는 대등한 주권자로서 국가원수에게 사랑의 하이퍼링크를 걸려고 했으나, 경찰에 의해 차단당했다. 결국 이 BJ는 아프리카TV

---

4 토마스 홉스, 『리바이어던』, 16장, 252쪽. 인공 인간은 그 불량품과, 공통 자아는 그 초자아와 차단됨을 근대주권론은 인정한다. 그래서 짐승과 신과는 계약할 수 없다(14장, 234쪽). 일반적으로 계약 이후에도 "공포는 계약을 무효로 만든다"(같은 곳).

에서 영구제명됨으로써 세계로부터 하이퍼차단 당한다.

모로조프는 네트워크 사회가 호언하던 "연결의 자유"freedom to connect는 필히 "단절의 자유"freedom to disconnect를 요청한다고 말한다.[5] SNS의 구조적 문제는 다양성과 소통을 양립시킬 수 없다는 데에 있다. 그것은 주권의 인플레이션을 해결할 방법을 가지고 있지 않다. 차단하여 안정화하는 방법을 가질 뿐. 거짓과 혐오까지 주권에 의해 보장될 때, SNS는 명예훼손죄로 고소할 게 아니라면 차단이라는 방법밖에 제공하지 못하며, 네트워크가 촘촘해질수록 차단의 필요성은 절대적이 된다. 그런 점에서 SNS는 개인주의나 자유주의에 기원을 두지 않는다. 개인주의나 자유주의의 개인은 계약 이후에도 사회 혹은 주권자와 긴장관계를 유지한다. 그러나 각자가 최

---

5 Evegeny Morozov, "Internet Freedom and Their Consequences", *The Net Delusion: How Not To Liberate The World*, Penguin Books, 2011. 모로조프는 네트워크를 통해 번성하는 혐오 범죄, 아동포르노, 장기밀매, 권력독점 등을 끊임없이 예로 든다. 그러나 이는 인터넷이 추구하던 무한 평등과 무한 자유의 조화가 불가능한 이유가 어떤 현실적 조건이 모자라서가 아니라, 반대로 너무 이상적인 조건을 가정해서라고 말하기 위해서다. 모로조프는 무한 평등과 무한 자유가 순환논증임을 계속해서 암시한다. "연결의 자유는 혐오, 문화전쟁, 인종차별 등이 잊혀진 민주적 낙원에서만 위대한 정책이 된다"(p.260).

고 주권자인 셀프들 사이에 견제의 긴장이란 있을 수 없다. 무한 자유와 무한 평등의 일치가 계약의 모든 것인 거기엔 하이퍼링크와 하이퍼차단이 있을 뿐이다. 같은 이유로 셀프에게 진리의 공급이란 있을 수 없다. 진리의 과잉 공급과 과소 공급이 있을 뿐이다. 하이퍼링크의 체계는 링크의 무한 경쟁 체계이자 그 양극화 체계이며, 그래서 SNS 민주주의의 미성숙에 대해서라면, 근대사상 중에 개인주의나 자유주의보다는 신자유주의가 좀 더 많은 책임이 있는 것이다.

　민주주의에도 공황이 있다. 신자유주의는 뭘 해도 된다는 무한 자유의 황무지에 주체를 내던지고는 그 식민화와 양극화를 통해 무한 채무의 인간을 양산해 낸다. 그는 전능과 무능의 양극화를 최선으로 받아들이며, 민주주의가 선거주의의 오류에 빠질 때조차 주권의 대행을 바라는 정치적 무기력의 인간과 별반 다르지 않다. 부의 파산이 있듯이 주권의 파산도 있는 것이다. 물론 신자유주의가 주권의 인플레이션(전능과 무능의 모순)의 최초 창안자는 아니다. 그러나 신자유주의는 그를 확산하고 남발하고 악용하여 주권자가 너덜너덜해질 때까지 빨아먹는다. 보수든 진보든 상관없다. 신자유주의는 민주주의의 독이며, 이는 온라인에서도 마찬가지다. 신자유주의는 하이퍼개인주의, 셀피즘selfism이다.

이른바 '정치 관종'은 공황의 너무나 자발적인 실천이다. 크게 두 부류가 있다. 모든 정치적 이슈를 비난하는 '투덜이' 부류와 모든 이슈를 특정 정치적 구도로 환원하는 '깔때기' 부류. 전자는 있는 모든 것이 자신의 적이되는 경우(대부분 외로운 SNS 늑대들이다), 후자는 반대로없던 적도 만들어 내는 경우다(대부분 혐오 커뮤니티로 우경화된다). 2016년 대통령 탄핵에 격분하여 청와대로 진격했던 한 극우 유튜버는 "SNS는 빨갱이한테 점령당했다"라고 울부짖는다. 두 부류의 차이에 대한 탁월한 인식이 아닐 수 없다. 하지만 두 부류 모두 타자를 자아와의내적 관계로 환원하는 편집증적 셀프라는 점에선 같다. 극단화된 정치 관종에게 자신의 망상을 살찌우는 '좋아요'보다, 적의 인식과 저항이 앞설 수 없다. **혐오는 과잉자기성애에서 온다.** 하이퍼 민주주의에서 관종 정치란 세계로부터 차단되는 편집증에 의한 정치를 의미한다. 그것은 반드시 혐오의 정치로 이어진다. 타자의 차단에서 이익을 얻는 자가 존재하는 한, 관심의 정치와 혐오의 정치의 이 같은 유착은 결코 끊어지지 않는다.

　최악의 경우, 민주주의 자체가 한 명의 관종이 된다. 선거날 투표 인증샷으로 대동단결하는 SNS뿐만 아니라, 서명을 독려하는 온라인 캠페인과 해시태그로 똘똘 뭉친 링크 공동체는 각 유권자가 그 부분 자아가 되고 참여 인증샷이 그의 패션이 되는 메가셀프를 짓고서, 민주주의는 그래도 잘 돌아가고 있다고 착각하는 **집단 행복회로**로 모두를 밀어 넣고 봉인해 버릴 수 있다. 이때 하이퍼링크는 가상적 참여로 실재적 참여를 면제함으로써, 주권자를 **현실 자체로부터 차단한다.** 이것이 슬랙티비즘의 나르시시즘적 구조다. "오늘날, 디지털 혁명가들은 영영 소파에 앉아 있을 수도 있다. 아이패드 배터리가 떨어지기 전까진."[6]

　하이퍼링크의 가장 반민주적인 측면은 이것이다. 오늘날, 인터넷과 SNS에서 누구나 혁명가가 될 수 있지만, 바로 그 때문에 누구도 혁명가가 될 수 없다. '표준 시민'

---

6 *Ibid.*, p.187.

과 같은 이상화된 셀프가 혁명가를 나타나는 족족 암살한다. 그래서 "똑똑한 독재자들은 인터넷을 억누르지 않는다".[7]

권력은 바로 이 틈을 파고든다. 일반적으로, 평등하게 전능한 셀프는 전능과 무능의 모순을 **주권의 대행**으로 해소하려는 경향을 지닌다. 그는 욕심쟁이라서 자유와 평등 둘 중 어느 하나도 포기하지 않으려 하는 한편, 또한 허풍쟁이라서 그 둘의 조화가 가능하다고 믿어 왔던 나르시시즘 자체를 포기하려고 하지 않기 때문이다. 그래서 셀프는 나르시시즘의 위기를 더 큰 나르시시즘으로 막을 수밖에 없다. 평등하게 전능한 자신들처럼, 차단마저 공평하게 해줄 더 큰 셀프를 요구할 수밖에 없다. 권력은 이를 잘 안다. 그래서 기다린다. 엄밀히 말해, 똑똑한 독재자들은 셀프들이 서로 미워하고 단절하도록 놓아둔다. 나르시시즘에 더 감염되도록 방기한다. 그리하여 막장까지 치달은 주권의 인플레이션이 끝내 공황에 이

---

7 Evegeny Morozov, "Smart Dictators Don't Quash the Internet", *The Wall Street Journal*, Feb. 19, 2011.

르고, 그제야 발견되는 자신들의 무능을 전능의 집행으로 땜빵해 달라고 그들 스스로 아우성칠 때, 슬쩍 나타나서 못 이기는 척 주권 대행 계약서에 서명만 하면 된다. 이 모든 나르시시즘을 대행해 줄 가장 큰 나르시시스트이고, 이 모든 하이퍼링크를 링크해 줄 최종의 하이퍼링커라고 자처하기만 하면 된다. 비록 주권의 대행자에 불과하나 바로 그 동일성 덕분에, 그 모든 무능한 셀프들을 하나의 전능한 셀프로 묶어 내는 **슈퍼셀프**라고 자처하기만 하면 된다. 정말이지, "항상 동일한 것의 폐쇄성은 **전능의 대행자Surrogat von Allmacht가 된다.**"[8] 이것이 지금도 인터넷 댓글과 SNS 타임라인에서 어렵지 않게 찾아볼수 있는, 최종 심판자나 초자아로서의 절대권력에게 지배받기를 원하는 경향이 생성되는 과정이다. 권력은 망상에 기생하고, 편집증자는 그에 굴종한다.

파시즘을 특정 시기의 특정 사건으로 국한하지 않고, 일찍이 아도르노가 내렸던 진단처럼 '집단 편집증을

---

8 막스 호르크하이머·테오도르 아도르노, 「반유대주의적 요소들: 계몽의 한계」, 『계몽의 변증법』, 김유동·주경식·이상훈 옮김, 문예출판사, 1995, 258쪽. 강조는 인용자.

통치 구조로 지니는 초합리적 체계'라고 본다면, 하이퍼 링크의 본성으로부터 태동하는 저 과잉 나르시시즘 체제를 파시즘이라 부르지 못할 이유는 없다. 오늘날 우리는 이미 혐오 현상에서 그 맹아를 목격하고 있다. 꼭 히틀러라는 선동가가 나와야만 파시즘이 아니다. 파시즘은 히틀러라는 '인플루언서'를 창조해 낸다. 지난 세기 파시즘이 자유주의의 위기에서 생겨났다면, 이번 세기 파시즘은 신자유주의의 과잉에서 생겨날 것이다. 시장가격의 인플레이션이 아니라 주권의 인플레이션에서. 물론 그때나 지금이나 파시스트는 민주주의에 반대하지 않는다. 그는 꽤나 민주적인 편집증자다. "민주적이게도 그는 자신의 망상도 동등한 권리가 있다고 주장한다."[9]

모든 게 주권의 인플레이션은 독재를 부르게 될 것이라던 토크빌의 경고대로다. 19세기에 이미 그는 민주주의에서 평등하게 전능한 개인은 '인민 전체'라는 독재자에게 하이퍼링크하기 위해 서로를 차단할 것이라 예언

9 앞의 책, 262쪽.

했다.[10] **'셀프 자체'라는 독재자**를 위해 서로를 차단하는 오늘날 SNS 주권자에게 이보다 더 신랄한 비판이 있을까.

토크빌의 저주를 빠져나가는 또 다른 길은 직접성에 호소하는 것이다. 진리와 주권의 인플레이션이 심화될수록 직접민주주의에 대한 환상도 커진다. 그것은 전능한 주권에 의해 진리에 하이퍼링크를 거는 것처럼, 순수 민주주의에도 하이퍼링크를 걸 수 있을 거란 환상이다. 주커버그는 2017년 2월 선언문 "Building Global Community"에서 페이스북이 대표자와 시민 간의 직접 소통을 이루어 줄 거라 호기롭게 큰소리쳤으나, 그가 예로 들었던 인도·인도네시아·케냐의 경우 민주주의는 혈통주의와 권위주의를 빠져나오지 못하고 있을뿐더러, 경제성장률보다 더 빠르게 보급되고 있는 SNS는 여론 조작과 혐오 조장의 수단으로 너무도 잘 활용되고 있다. 설령 페이스북이 영국 브렉시트와 미국 대선 개입에 관여했다는 추문

10 알렉시스 드 토크빌, 『미국의 민주주의 2』, 임효선·박지동 옮김, 한길사, 1997, 4부 6장, 888~890쪽. 토크빌은 주권의 인플레이션을 조울증의 패턴에 계속해서 비유한다. "(민주주의에서 개인은) 왕보다도 더 높았다가 또 하인보다도 더 보잘것없는 신세가 되기도 한다"(892쪽).

이 없었더라도 페이스북은 직접민주주의의 실현과는 아무런 상관이 없을 것이다. 하이퍼링크에 의존하는 한, SNS가 홍보하는 직접민주주의는 과잉 직접민주주의일 뿐이다. 역설적으로, 독점과 독재는 그런 직접성의 과잉에서 다시 자라나며, 셀프가 자아를 경영하듯 민주주의도 경영과 관리의 대상이 된다.

차이는 간접성과 직접성의 차이다. 파시즘 같은 직접성의 광기를 보았던 근대 민주주의가 삼권분립과 대의제representative system로 발전해 왔던 반면, 하이퍼 민주주의는 셀프분립과 대행 서비스agent service로 발전해 왔다. 파워블로거·SNS 인플루언서·겜방 BJ, 심지어 정치 관종조차 특정 결사체의 대표라고 볼 수 없다. 그들은 대행자agent지, 대표자representation가 아니다. 대표자는 피대표자의 눈치를 봐야 하고, 한순간도 안주할 수 없다. 반면 대행자는 눈치를 보지 않는다. 팔로워와 직접적 모사 관계를 이루기 때문이다. 주권의 공황은 바로 여기서 일어난다. 대행자는 무엇이든 할 수 있지만, 팔로워가 무엇이든 시킬 수 있는 한에서다. 또 팔로워는 무엇이든 시킬 수 있지만, 그 자신은 아무것도 할 수 없는 한에서다. 대행은 평등하게 무한한 주권의 실천이므로 평등하게 무한한 무능의 실천이다. 여기엔 어떤 저항도 있을 수 없다. 무한한 주권이 저항하는 것은 불가능하기 때문이다. **대행은 대표가 아니다.** 대표는 견제되고 탄핵되지만, 대행은 언팔되고 차단될 뿐이다. 루소의 말처럼, 대표자에게 적어도 "주권은 타자이다".[11]

근대 민주주의가 재현representation의 방식(Re-)으로 정치사회와 시민사회의 간극을 줄여 나간다면, 하이퍼 민주주의는 현존presentation의 방식(Pro-)으로 대행자와 팔로워의 간극을 소거해 버린다. 거기엔 타자를 반성할 어떤 시간성도 있을 수 없다. 그래서 그 현존성presence의 형식은 언제나 '순간'instant이다. 대행자의 주권과 팔로워의 주권은 셀프의 순간 안에서 동등하게 전능한 동시에 동등하게 무능하게 되며, 이때 민주주의는 그 정치적 가치들(자유·저항·진리·정의…)이 순간의 인테리어 장식물이 되는 **인스턴트 민주주의**가 된다.

대행과 팔로우가 참여의 자유라고 볼 수 없다. 민주

11 장 자크 루소, 『사회계약론』, 3권 15장, 277쪽.

주의가 무수한 순간들로 산산조각 날 때, 참여participation의 자유란 조각남partition의 자유일 뿐이다. 참여는 대상성을 전제한다. 순간에 대상이란 없다.

하이퍼링크가 그래도 연대의 수단으로는 그럭저럭 쓸모 있다는 견해는 편협하다. 하이퍼링크는 너무 쉽게 연대를 만들지만, 같은 이유로 너무 쉽게 연대로부터 그 목적(대상)을 제거하여, '연대를 위한 연대'만을 남긴다. 그런 점에서 슬랙티비즘과 파시즘은 맞닿아 있으며, 그 극단에선 얼마든지 호환 가능할 것이다. 모두 타자성이 결여된 직접민주주의의 환상에 기반하기 때문이다. 그러니까, 슬랙티비즘과 파시즘은 동일한 주권 대행 서비스의 두 가지 옵션이다. 다른 점이 있다면, 전자가 **타자 없는 연대**라면, 후자는 **타자를 없애는 연대**라는 점, 그뿐이다. 주권 대행 서비스는 때때로 환불 불가능하여 돌이킬 수 없다는 것을 역사는 가르쳐 준다.

인류가 몇 세기를 일구어 온 대의제 민주주의는 적어도 타자성을 포기할 수 없도록 구조화되어 있다. 대표와 피대표의 경계, 거기서 데모스는 타자가 되기 위해 끊임없이 재현한다. 또 타자로 끊임없이 돌아온다. 그러나 하이퍼 민주주의는 재현을 모른다. 거기엔 경계가 없고, 셀프에겐 타자가 없기 때문이다. 셀프는 모든 Re-를 모른다. 재현도 Re-이다. 저항도 Re-이다.

오늘날 예속은 다른 것이 아니다. 주권의 인플레이션에 주권이 뿌리 뽑혀 나가는데도, Pro-의 자유(전파·기소·접근·드립…)를 주권의 실천이라 망상하고, 정작 Re의 자유(반성·책임·재현·저항…)는 포기하며 주권의 대행을 소망할 때, 그리고 하이퍼링크로 수집된 교양과 지식들로 그 대행을 열렬히 정당화하고 포장해 댈 때, 그것이 예속이다. 민주주의는 예속의 평등마저 원할 거라던 반대론자들 혹은 극단적 자유주의자들이 기다렸다는 듯이 다음처럼 비웃을 때 우리는 어찌 반박할 것인지. "여러분들은 노예를 갖고 있지 않다. 그러나 여러분 자신의 노예인 것이다."[12]

사이버 공간에서의 정치를 논하기 위해 육체가 거론되는 것은 당연하다. 드레이퍼스는 메를로퐁티를 인용한다. 우리는 육체를 통해 예측 불가능한 상황과 그 분위기

---

12 장 자크 루소, 『사회계약론』, 3권 15장, 279쪽.

를 감지하는 법을 학습하며, 그런 위험이나 위기에 대한 항상적 감각만이 우리를 비로소 존재케 한다는 것이다.[13] 그래서 그는 인공지능이나 원격조종 로봇이 육체 없이는 결코 성공하지 못할 것이라 단언한다. 위험의 인식 없이 진리의 인식도 없기 때문이다. 그런데 "인터넷은 모든 것을 포착할 수 있지만 위험만은 제외된다".[14]

인터넷상의 모든 혐오 콘텐츠가 육체에 대한 경멸을 내세운다는 사실은 의미심장하다. 인터넷에 육체란 없다. 그 안에선 어떤 것도 죽지도 사라지지도 않는다. 세계로부터 이미 사라진 것들이기 때문이다(디지털 신호의 에러 가능성이 사이버 공간에서의 소멸 가능성을 더 정당화해 주진 않는다). 반대로 육체의 궁극적 특권이란 '죽을 수 있는 능력'이다. 셀프와 달리 육체는 소멸'할 수 있음'에 불안, 위험, 수치에 직면하고, 그래서 저항하고 희생하고 존재한다. 소멸을 모르는 셀프는 존재도 알 수 없다. 타자를 알 수 없기 때문이다. 반면 육체는 타자 중의 타자

---

13 휴버트 드레이퍼스, 「탈신체화된 원격현전과 동떨어진 현실」, 『인터넷의 철학』, 94~102쪽.
14 앞의 책, 144쪽.

다. 그로 인하여 나는 타자로서 타자와 마주친다. "육체는 내가 나 자신의 근거가 아니라는 사실이다."[15] 육체는 "나의 우발성의 필연성",[16] 나의 원초적 타자다. 육체는 자신이 제한되고 유한할 수 있다는 깨달음을 통해, 즉 **자신이 뿌리 뽑힐 수도 있다는 공포와 불안**을 통해 비로소 존재에 뿌리내린다. "신체적 고통은 존재의 면제 불가능성 자체이다."[17]

육체 없이 주권도 없다. 육체 없이 저항이 없기 때문이다. 타자성의 감각 없이 민주주의도 없다. '무소부재한 논자들'은 결코 진리와 주권에 다가가지 못한다. 이미 뿌리 뽑혀 있어서 뿌리 뽑힐 공포와 불안을 알지 못하기 때문이다. **육체는 대행되지 않는다.**

물론 우리는 인터넷과 SNS가 열린 토론과 신속한 정보 교환을 통해 정치적 저항을 이끌어 낸 여러 사례를 알고 있다. 세계 곳곳에서 반체제 블로거나 유튜버들이 저항운동의 새로운 모델을 써 내려가고 있는 것은 사실이

---

15 장 폴 사르트르,『존재와 무 II』, 손우성 옮김, 삼성출판사, 1977, 3부 2장 1절, 20쪽.
16 앞의 책, 45쪽.
17 에마뉘엘 레비나스,『시간과 타자』, 강영안 옮김, 문예출판사, 1996, 75쪽.

며, SNS나 1인 미디어를 통해 정부나 국회를 감시하거나 소비자 운동을 벌이는 등의 시민 네트워크 또한 새로운 형태의 대중운동으로서, 기존 미디어나 정치제도의 결점을 보완하고 수정하고 있는 것도 사실이다. 하지만 네트워크가 이렇게 민주주의로서 제 기능을 할 때는 저항할 타자를 가질 때다. 대표적 사례로 아직까지 거론되는 1999년 WTO 반대시위에서 인터넷이 한 역할은 단지 개인을 소통케 한 것이 아니라, 집단이 타깃에 대한 정보(회의장 위치·저지선 형태…)를 공유케 함으로써 전략을 지속적으로 최적화한 것이었다. 또한 반체제 블로거들이 저항을 불러일으키는 것은 그들이 블로그에서 말한 바가 아니라, 말한 대로 행하고, 결국에 희생되고 탄압되는 그들의 생이다. 생은 지속한다. 타자를 향해, 타자로서.

타자를 겨냥한 지속성만이 셀프의 순간성을 극복한다. 백욱인의 말처럼, 네트워크에 "신체가 동반"될 때라야만 대중은 비로소 "흐른다".[18] 육체만이 순간에 갇히지

18 백욱인, 「네트워크 사회운동」, 『네트워크 사회문화』, 커뮤니케이션북스, 2013, 79쪽. 백욱인은 네트워크화된 대중을 고체와 대비시켜, 액체와 기체의 움직임에 비유한다. "정보대중은 액체처럼 움직이다가 기체처럼 증발한다"(80쪽). 그의 다

않는다. 육체만이 셀프를 떨친다. 육체는 세계를 직면하고 그에 뿌리내리는 감각 자체다. 슬랙티비즘의 소파에 갇힌 것은 그저 혁명가가 아니라, 그의 육체다.

일반적으로 네트워크 자체로는 존재로의 뿌리가 없다. 네트워크가 존재와 저항을 되찾을 때는 다른 네트워크가 그 대상이 될 때뿐이다. 즉 네트워크 대 네트워크로 주체와 타자의 관계를 복원할 때뿐이다. 그래서 네트워크 투쟁은 언제나 내전의 형태를 띤다. 하나의 네트워크가 스스로 뿌리 뽑힐 각오를 하고 저항할 때, 비로소 그 마디마디는 존재에 내리는 뿌리가 되고, 그 공동체는 육체성을 누린다.

2009년 이란 녹색 혁명, 2011년 아랍 재스민 혁명, 2019년 홍콩 송환법 반대시위, 뿐만 아니라 2016년 한국의 촛불혁명에서도 SNS 네트워크는 분명히 혁명의 무기였다. 그래서 그것은 혁명 자체는 아니다. 혁명은 언제나 존재에 관한 일이다. 혁명은 트윗되는 것도, 트윗되지 않

음 글도 보라. 백욱인, 「'트친' '팔로어'로는 왜 혁명을 이룰 수 없나?」, 『시사IN』, 제162호(2010년 10월).

는 것도 아니다. SNS가 하는 일은 혁명의 존재 방식을 바꾸는 것이다.

하이퍼 민주주의의 유일한 주권은 **네트워크 주권**이다. 하지만 그것은 육체들이 연대하는 주권이지, 셀프들이 연대하는 주권이 아니다. 셀프들은 연대되지 않는다. 링크되거나 차단될 뿐. 셀프의 주권은 성장하지 않는다. 들뜨거나 인플레이션 될 뿐.

이번 세기 민주주의의 진화를 결정짓는 모든 정치투쟁의 근간엔 **육체와 셀프의 대결**, 뿌리와 링크의 대결이 있다. 하이퍼링크는 모든 것을 대행해도 뿌리만큼은 대행하지 못한다. 우리가 페이스북이나 인스타그램에서 링크라고 생각하는 것들은 실상 한여름 밤에 기분대로 휘갈긴 연애편지와 같을 때가 많다. 대부분 그것은 TV 드라마 대사나 대중가요 가사를 베낀다. 진정한 연애편지는 꾹꾹 눌러써야 한다. 답장을 받지 못할 각오로. 혹은 아예 부쳐지지 못할 각오로. 육체가 그렇다. **육체만이 존재에의 유일한 링크다.** 하지만 그것이 링크가 되는 것은 그 링크가 끊길 수도 있다는 공포와 불안을 통해서다. 뿌리내릴 수 있는 것은 뿌리 뽑힐 수도 있다는 공포와 불안을 통해서다. 이것은 혐오와는 아무런 상관이 없다. 혐오는 외려 육체를 경멸한다.

플라톤과 자유주의자들이 비웃었던 데모스는 대중 mass이다. 대중은 질량mass이다. **질량감은 저항성의 원천이다.** 저항 없이 존재할 수 없다. 만약 민주주의를 단지 정보와 의견의 소통이 아닌, 진리를 통한 저항주권으로 정의하고자 한다면, 오늘날 가장 먼저 극복되어야 할 것은 나르시시즘이다.

인터넷과 SNS에서 민주주의는 가능한가, 하이퍼 민주주의란 가능한가라는 질문은 잘못된 질문이며, 다음 질문으로 변경되어야 한다. 즉, 육체 없이 민주주의는 가능한가?

10장
관종이성비판

존재esse와 관심interesse이 처음부터 원수지간이었던 것은 아니다. 종교와 과학, 존재론과 인식론의 이혼 절차가 한창 진행 중이던 근대의 여명에도 존재와 관심은 어떻게든 화해되고 중재되고 있었다. 대표적인 중재자가 칸트다. 칸트는 관심을 '비판'함으로써 존재와 중재했다.[1] 물론 "가상"Schein·Illusion이라는 문제가 남긴 한다. "선험

---

[1] 임마누엘 칸트, 『순수이성비판』, 전원배 옮김, 삼성출판사, 1989, B779~780. 칸트에게 '비판'이란 단지 탐구나 분석을 뜻하지 않는다. 그것은 이성에 관련된 권한쟁의를 심판하기 위해 현상과 가상의 경계를 긋는 일이고, 그에 따라 인식 능력들의 권리와 범위를 한정하는 일이다. 즉 비판은 현실의 한계가 아닌, 능력(가능성)의 한계를 지정하는 일이다.

적 가상"transzendentale Schein이라는 중재안이 유명하다. 이에 따르면, 대상이 가상으로 나타나는 것은 이성이 지성을 월권하여 대상을 직접 인식하려는 과욕 때문이다. 즉 가상은 이성의 존재에 대한 과도한 욕심에서 올지언정, 결코 존재가 기만이거나 관심이 멍청해서가 아니라는 뜻이다.[2] 선험적 가상은 결코 회피하거나 근절될 수 없는 것이나, 그만큼 이성이 아직도 대상을 열렬히 갈구하고 있다는 선험적 증거인 것이다.[3]

21세기에 출현한 관종도 선험적 가상에 빠져 산다. VR과 인터넷을 줄이긴 해도 끊지 못하는 것처럼, 그 역시 가상을 근절할 순 없다. 다른 점이 있다면 순수이성은 그래도 비판은 했다는 것이다. 관종의 이성은 비판조차 할 수 없다. 비판에 필요한 모든 경계가 지워져 버렸기 때문이다. 하이퍼링크가 그를 지운다. 바로 여기에 순수이성과 관종이성의 본질적인 차이가 있다. 관심의 대상이 자신으로 바뀐 것 외에도, 관종에게 지성·상상력·이

---

2 앞의 책, B671. 정확히 말해, 이런 남용은 통제적 원리와 구성적 원리의 혼동이다(B699).
3 앞의 책, B354.

성은 간접성의 관계를 유지하고 있지 않다. 인터넷이 지성과 상상력을 모두 이성의 직접적 수단으로 만들며, 그로써 관종이성은 대상과 직접적인 관계를 맺고, 지성의 한계와 유비적으로 그어져 있던 **현상의 한계는 지워진다.**

칸트는 「선험적 방법론」에서 이성의 두 가지 형태를 묘사한다. 첫 번째는 평면의 이성이다. 그는 자신이 무한정하게 펼쳐진 평평한 지표면 위에 있다고 착각하므로 "어디를 가든지 주위에 공간이 있고, 다시 더 갈 수 있다"고 자만한다. 두 번째는 구체의 이성이다. 그는 평평하게 보이던 지표면이 사실 둥그런 지구임을 안다. 그는 단지 현상을 인식할 뿐만 아니라, 현상과 가상이 갈라지는 지평선, 그 인식의 "한계"Grenze까지 인식한다.[4] 평면엔 외부가 없지만, 구체엔 외부가 있다. 하이퍼링크를 휘두르며 세계를 지워 나가는 관종이성과 링크를 비판적으로 사용하여 세계를 남겨 놓는 순수이성에 대해서 이보다 완벽한 비유는 없을 것이다.

순수이성이 실수를 했던 건 그래도 경계 너머에 있

4 앞의 책, B787~788.

을 존재를 사랑했고, 경계 안쪽에 드리워진 무를 두려워
할 줄 알았기 때문이다. 하지만 관종이성은 그런 실수
가 싫다. 존재와 무 자체가 싫기 때문이다. 그래서 그는
그 경계를 지워 실수까지 지워 보려고 한다. 비판적 이성
은 "존재는 무의 심연 속에 있다"라고 말한다.[5] 그러나 하
이퍼링크는 심연이 탐탁지 않아 그를 압연하여 납작하게
펼친다. 또 비판적 이성은 "무는 존재의 안감이다"라고
말한다.[6] 그러나 하이퍼링크는 안감이 마뜩잖아 그를 뜯
어내 안팎이 없도록 평평하게 다림질한다. 하이퍼링크는
존재의 Shift+Delete다.

그러니, 같은 가상에 빠졌더라도 둘은 완전히 다른
패러다임이다. 순수이성의 관심이 적어도 대상의 존재
를 증명하고 있었다면, 관종이성의 관심은 그 존재의 소
거와 고갈을 증명한다. 거기엔 어떤 대상도, 그 물자체조
차 남아 있지 않다. 어떤 비밀도 애달음도 그리움도 없

---

5 이진경, 『불온한 것들의 존재론』, 휴머니스트, 2011, 52쪽.
6 이정우, 「운명」, 『사건의 철학』, 그린비, 2011, 377쪽. "마치 바퀴 중심에 빈 공간
   이 있어야 바퀴가 잘 굴러가듯이, 무가 존재를 존재하게 하는 것이다. 그러나 이
   때의 무가 절대무는 아니다."

182 — 관종의 시대

다. 한계가 없는 가상 속에서 다 할 수 있고, 다 알 수 있으며, 다 연결될 수 있으니까 말이다. 존재와 관심, 현상과 가상의 혼동은 더 이상 부끄러움이 아니라 자랑거리다. 관종에게 모든 현상은 있는 그대로의 가상이다. 셀프가 그의 유일한 물자체다. 순수이성처럼 가끔은 비순수할 수 있는 겸허와 아량이 관종이성에겐 없다. 관종이성은 고삐 풀린 순수이성, **하이퍼-순수이성**이다. 그것은 이성의 함양은커녕 이성의 마비를 의미한다.

"상상력이 열광적으로 날뛰지 않고 이성의 엄중한 감시하에 상상한다면, 언제든지 미리 아주 확실한 그 무엇이 있지 않을 수 없을 것이다. 대상 그 자체의 가능성이…"[7]라는 칸트의 믿음은 오늘날 얼마나 공허하게 들리는가. 존재의 세기에 적어도 대상은 나타났다erscheinen. 억압된 대상이긴 해도. 그러나 이번 세기, 대상은 나타나지 않는다. 대상은 뭐든지 가능하다고 가정되는 주체의 그림자일 뿐이다. 하이퍼링크를 따라 공급되는 대상은 언뜻 무한정해 보이나, 그와 함께 **대상의 하이퍼인플레이**

7 임마누엘 칸트, 『순수이성비판』, B798.

선도 필히 일어난다. 이제 대상은 주체가 언제 어디서든 소유하고 소비하고 저장하고 즐길 수 있는 것이 되었으나, 바로 그 때문에 대상은 주체의 내면에만 유통되는 허명이 되고, 그의 망막 위에 어른거리는 허상이 되었다.

이번 세기, **사라지는 것은 대상이다.** 그 가능성으로서의 타자, 혹은 타자로서의 가능성이다. 현대사회의 문제가 주체성의 상실에 있다는 것은 사실이 아니다. 반대로 가장 큰 문제는 **대상성(타자성)의 상실**에 있다. 오늘날 주체성은 이미 과잉이다. 온통 나, 나, 나다. '나'는 이제 종교이고 영원진리다. 인터넷과 SNS의 네트워크는 타자 거름망, 그 하이퍼링크는 주체성 과잉 공급라인처럼 기능한다. 거기엔 주체들만이 우글거리며, 그들 서로가 서로에게 대상이 되어 주므로 정작 타자로서의 진짜 대상은 설 자리를 잃는다. 차단 가능하고 소거 가능한 타자는 타자가 아니다. '좋아요'를 눌러 주는 '친구'도 타자가 될 수 없다. 진짜 타자는 "가까워짐이 아닌 관계", "근본적인 멀어짐"[8]으로 정의된다. '친구'는 타자가 아니다. **그는 위장**

---

8 에마뉘엘 레비나스, 『전체성과 무한』, 김도형·문성원·손영창 옮김, 그린비,

x

된 타자다. '좋아요'는 '타자-싫어요'다.

SNS를 Social Network Service라 볼 수 없다. 사회성은 대상성을 전제한다. SNS는 Subjective Network Service다. 우리는 거기서 거의 모든 종류의 영광과 재앙을 경험하고 또 열중하며, 자신이 겪은 사랑과 환희, 분노와 우울을 이야기한다. "마치 모두가 현상학자인 것처럼 나에게 나타나는 바대로의 세계 너머의 세계는 없는 것처럼."[9]

관종이성은 주체성에 미쳐 있지 대상성에 미쳐 있지 않다. 가상성에 미쳐 있지 사회성에 미쳐 있지 않다. 과잉성에 미쳐 있지 공정성에 미쳐 있지 않다. 관종이성의 위력은 주체성과 대상성, 가상성과 사회성, 과잉성과 공정성을 이율배반으로 만드는 데에 있다. 하이퍼링크는 관종이성의 선험적 변증론이다. 그는 관심의 과잉 공급과 그로 인해 보장되는 가상적 정체성을 방해하는 모든 대상과 사회를 '차단'block한다. 언팔하고 친구삭제한다.

동시에 하이퍼링크는 신자유주의-기계로서, 대상을

2018, 28쪽.
9 서동진, 「말해질 수 있는 것과 말해질 수 없는 것」, 『변증법의 낮잠』, 꾸리에, 2014, 214쪽.

민영화privatize한다. 대상으로부터 타자성을 박탈하여 주체의 사유물이나 소모품으로 귀속시켜 버린다. 관종이성은 신자유주의자다. 그에게 모든 대상은 자신의 잠재적 재산처럼 보인다. 그러나 타자성이 결여된 대상은 대상이 아니다. 언제라도 삭제 가능한 또 다른 가상일 뿐.

셀카 현상과 혐오 현상은 동근원적인 하나의 현상이다. 모두 대상의 소거를 통한 주체성의 확립이기 때문이다. 셀카가 **대상 없는 주체성**의 증명이라면, 혐오는 **대상을 없애는 주체성**의 증명이라는 점에서 다를 뿐이다. 칸트는 순수이성의 관심이 하이퍼해졌을 때 초래될 두 가지 증상을 언급한다. "게으른 이성"ignava ratio은 자만에 취해 다른 대상은 외면한다. 반면 "도착된 이성"perversa ratio은 자신을 투사하여 대상을 의인화하고 결국 망가뜨린다.[10] 칸트는 유심론과 목적론을 예로 들고 있지만, 이런 자만과 도착이 인터넷으로 넘어오기만 하면, 오늘날 창궐하고 있는 극단적인 자기성애와 타자혐오의 조건이 되고 있음을 우린 쉽게 알 수 있다. 셀카와 혐오는 모두 대상

10 임마누엘 칸트, 『순수이성비판』, B717~722.

혐오증의 시대적 징후들이다. 관종이성은 편집증자다.

관종이성이 대상을 몰아내려는 것은 그 자신이 대상 자체가 되기 위해서다. 다른 이의 관심뿐만 아니라 자신의 관심마저도 독점하고 또 과잉 독점하기 위해서다. 박권일은 이 시대 욕망이 "자기 자신에 대한 물신화"라 말한다.[11] 또한 서동진은 이 시대 패러다임이 맹폭하는 자기의 주체화는 반드시 "대상으로 자신을 변형시키는 자기의 문제화"를 포함한다고 말한다.[12] 그러니까, 이번 세기에 **우린 모두 물자체가 되었다.** 기업 교육과 자기계발 서적에 질세라 인터넷과 SNS는 계정 개수만큼의 물자체들을 현상계에 융단폭격했다. 재난과 위기까지 골방 스펙터클로 환원됨으로써 어떤 사회적 문제도 '나의 문제'로밖에는 바라볼 수 없게 되었다. 심지어 시간 자체도, 이 시대가 있었음조차도 객체 없는 주체가 스스로 푼 문제의 낭만주의적 해답으로 전락했다. 아프니까 청춘이었다라고.

물론 칸트가 누누이 말했듯, 물자체에는 시간이 없

---

11 박권일, 「소셜 미디어에 흔한 '연극성 인격 장애'」, 『시사IN』, 195호.
12 서동진, 「자기계발의 의지」, 『자유의 의지 자기계발의 의지』, 돌베개, 2009, 281쪽.

다. 있다고 착각될 뿐.[13] 하지만 그것이 관종이성이 바랐던 바다. 관종이성은 시간에 구속됨이 없는 영원한 가능성을 누리려 물자체 안에 들어앉았다. 그는 소멸을 모른다. 아프니까 청춘이었을 뿐이다. 죽음도 모른다. 수치심도 불안도 모른다. 물자체 안에는 아예 존재와 무가 없다. 대신 있는 것은 가상적으로는 나는 뭐든지 할 수 있고, 나는 누구에게도 관심받을 수 있다는 나의 영원한 가능성뿐이다. 행여 그 실현이 좌절될 때 어렴풋이 느껴지는 시간 역시 '나'라는 문제를 다 못 푼 '나의 책임'일 뿐, 진짜 시간은 아니다. '나'라는 숭고한 대상 안에는 온통 영원, 영원, 영원이다. 이것은 분명히 퇴보다. 칸트가 "독단론"Dogmatik[14]이라고 불렀던 관념론적 자아로의 퇴행이 거기에 있다. 프로이트라면 틀림없이 "독재적"selbstherr-lich[15]이라 불렀을 편집증적 자아로의 퇴행이. 존재에서 관

---

13 임마누엘 칸트, 『순수이성비판』, B51. "시간은 오직 현상에 관해서만 객관적 타당성을 지닌다."
14 앞의 책, 2판 서문, BXXXV. "독단론이라는 것은 순수이성이 제 자신의 능력을 무비판적으로 신뢰하는 독단적 방법이다."
15 지그문트 프로이트, 「신경증과 정신증에서 현실감의 상실」, 『억압, 증후 그리고 불안』, 황보석 옮김, 열린책들, 1997, 209쪽.

심으로의 패러다임 전환은 역-코페르니쿠스적 전환이라
고도 말할 수 있을 것이다. 관종이성은 대상 자체(물자체)
를 참칭함으로써, 낡은 독단론의 **영원한 주체를 참칭한다.**

　관종이성이 냉소적 이성의 일종이라는 생각은 틀린
것이다. 냉소주의자는 더 이상 타자가 없음을 알면서도
있는 척, 찾는 척하는 위선자다. 그러나 관종은 타자가
없음을 알지조차 못하고, 관심조차 없다. 이미 그 자신이
그런 대상 자체가 되었기 때문이다. 냉소는 적어도 시간
에 대한 감각이다. 그런 점에서 냉소주의자는 아직 현상
의 편이다. 반면 관종은 냉소하지 않는다. 그럴 시간 자
체가 그에게 없다. 관종은 물자체의 편이다. 셀카를 업데
이트하고, 인기 계정을 도용하고, 한남충과 김치녀의 수
배전단을 배포하며 증오하기 위해 필요한 것은 객관적
시간에 대한 회의와 냉소가 아니라, 가상적 영원에 대한
확신과 찬미이다. 냉소적 이성은 관종이성이 고전적 합
리성으로 위장한 모습일 뿐이며, 하이퍼링크와 해시태그
만 주어지면 언제라도 관종이성으로 돌변한다. 슬로터다
이크는 냉소적 이성을 "계몽된 허위의식"이라 썼다.[16] 그
렇다면 관종이성은 '허위적 계몽의식'이다. 그는 어제도

내일도, 생일도 기일도 모르는 영원의 빛 안에 언제까지라도 머무른다. #영원한행복.

　잘 알려지진 않았지만, 화이트헤드는 또 다른 순수이성비판가다. 그에 따르면 고대부터 근대까지도 이성의 실수는 영원을 맹신하거나 시간을 의심한 것이 아닌, 주체와 대상 사이에서 영원과 시간의 번지수를 잘못 매겼다는 데에 있다. 전통적 주체가 참칭했던 가짜 영원과 달리, 진짜 영원이란 시간을 초월해 있는 "순수한 가능성"pure potentials[17]을 의미한다. 그런데 이성은 으레 영원을 주체 쪽으로, 시간을 대상 쪽으로 매겨 놓음으로써 '영원한 주체-현실적 대상'이라는 거꾸로 된 구도와 '주체는 곧 실체'라는 가상을 양산해 왔다. 영원을 대상의 것에서 주체의 것으로 오기해 왔고, 그 결과 가짜 영원을 진짜 영원으로 오도해 왔다. 시간 속에서 변화하고 소멸하는 것은 외려 주체 쪽이며, 시간을 초월하여 진정 영원을

16 페터 슬로터다이크, 「냉소주의-허위의식의 황혼」, 『냉소적 이성비판 1』, 이진우·박미애 옮김, 에코리브르, 2005, 47쪽.
17 알프레드 노스 화이트헤드, 『과정과 실재』, 오영환 옮김, 민음사, 2003, 1부 2장 2절, 85쪽.

품는 것은 대상 쪽인데도 말이다.[18] 물론 진짜 영원에서도 가상은 생겨나지만, 그 이유가 완전히 다르다. 주체가 소멸하는 시간 쪽에서 과정을 창조하기 위해서 영원을 대하므로 임시적 가상이 생겨난다. 즉 주체는 진보하기 위해 환영을 무릅쓴다.[19] 칸트의 지리학적·공간적 비판법을 우주론적·과정적 비판법으로 대체함으로써, 화이트헤드는 이성의 비판을 시간의 비판으로 확장한다. 이성의 철학은 '영원한 주체-현실적 대상'이라는 인간중심주의적 편견에서, **현실적 주체-영원한 대상**이라는 우주론적 사실로 옮겨 가야 한다고 그는 말한다.

'영원'이란 말을 오해해선 안 된다. 그것은 단군신화나 랩틸리언 같은 우주의 머나먼 신비가 아니다. 영원성은 모든 것을 소멸시키는 시간 속에서조차 소멸되거나 고갈되지 않는 대상의 특권을 의미한다. 영원은 어디

18 알프레드 노스 화이트헤드, 「천재의 세기」, 『과학과 근대세계』, 오영환 옮김, 서광사, 2005.
19 알프레드 노스 화이트헤드, 『이성의 기능』, 정연홍 옮김, 이문출판사, 2000, 1장, 25~27쪽. "그 본질상 정신성은 어떤 공허한 확정성에 대한 충동이다"(27쪽). 화이트헤드는 칸트의 순수이성비판을 재비판하기도 한다. 칸트는 자연을 '현상'으로 한정해 버림으로써 과학과 사변이성을 결별시켰다는 것이다(같은 책, 2장).

에나 있고, 우리 곁에, 우리 안에 이미 있고, 결코 동나지 않는다. 화이트헤드는 "우리가 어떤 영원한 객체의 집합을 머리에 떠올린다고 하더라도, 거기에는 그 집합을 전제하면서도 그것에 속하지 않는 부가적인 영원한 객체가 언제나 존재할 것"이라 말한다.[20] 그러니까, 주체의 특권은 영원성에 있지 않다. 외려 시간에 휩쓸려 찢겨지고 바스러져도 거듭난다는 데에, 즉 **소멸하고 결단한다**는 데에 주체의 특권이 있다. 영영 소거되거나 환원되지 않는 쪽은 대상이다. 그래서 영원하다. 화이트헤드의 "영원한 대상(객체)"eternal object이라는 독특한 개념의 본뜻은 이것이다. 즉, **대상은 영원히 타자**라서 영원한 대상이다. 그리고 대상이 영원한 타자인 한에서만, 주체는 비로소 시간을 오롯이 살아 낼 수 있다.

관종이성은 이를 모른다. 그는 모든 영원한 대상을 소거 가능하고 고갈 가능한 시간적 존재로 만든 뒤, 가상적 영원에 눌러앉은 주체의 액세서리로 전락시킨다. 이번 세기, 영원은 저렴해졌다. 주권의 인플레이션은 **영원**

---

20 알프레드 노스 화이트헤드, 『과정과 실재』, 2부 1장 3절. 132쪽.

의 **인플레이션**으로 이어진다. '좋아요'를 더 모을 수 있는 가능성, 신자유주의와 자기계발 사회가 부추기는 '나는 뭐든지 할 수 있다'의 가능성, SNS 플랫폼이 양산하는 '나는 누구에게도 관심 받을 수 있다'의 가능성은 대상의 영원성을 셀프의 가상성으로 필히 축소한다. 하지만 아무리 팽창한들 나르시시즘에 고립된 영원은 영원이 아니다. 경외도, 공포도, 불안도, 수치도, 겸허도 없는 영원은 영원이 아니다. 그것은 그저 영원해 보일 뿐인 한순간, **위장된 영원**이다. "순간에는 아무것도 존재하지 않는다."[21]

'좋아요'로 영원이 재구성된다는 것은 망상이다. 영원은 그저 좋거나 싫은 것이 아니다. 더 정확하게는, 영원한 대상이 좋거나 싫기 위해선 반드시 주체는 소멸과 거듭남을 감수해야 한다. 아무리 '좋아요'를 눌러 봤자 한 영원이 더 영원해지는 법은 없다. 영원은 언제까지나 각자의 영원이고, 그래서 타자다. 관종이성이 대상을 소거하면서 함께 소거한 것은 시간만이 아니다. 그는 영원까지 소거하고 해고하고 추방하고 멸시하고 삭제한다. 본

---

21 알프레드 노스 화이트헤드, 『사고의 양태』, 오영환·문창옥 옮김, 치우, 2012. 284쪽.

질적으로 대상혐오증이란 **영원혐오증**이다. 그건 가능성에의 증오이기도 하다. 이 시대의 모든 혐오에는 영원혐오가 담겨 있다. 2014년 일베가 벌였던 폭식투쟁은 분명 모독이었으나, 유가족이 참아 내던 배고픔의 시간에 대한 모독이기 전에, 그들이 단식 농성을 통해서라도 기억하고 추모하고 지켜 내려 했던 영원에 대한 모독이었다.

동시에 그것은 피자와 치킨을 집어삼키던 일베 회원이 다른 세상에 태어났더라면 행여 품을 수도 있었을 또 다른 가능성에 대한 자기모독이기도 했다. 혐오의 인간은 시간 속에서 잠깐 승리할 수도 있을 것이다. 그러나 영원에 있어서라면, 그는 자신의 영원을 자해하지 않고는 타인의 영원을 해할 수 없다. 혐오는 시간 낭비이기 전에 영원 낭비다.

오늘날 인간이 잃어 가는 것은 영원에 대한 예의다. 대상에 대한 예의를 잃었기 때문이다. 우리는 이제 영원을 회의하지도 냉소하지도 않는다. 냉소와 회의엔 최소한의 존중이 남아 있다. 오늘날은 영원까지도 하이퍼링크하고 팔로우하고 다운로드할 수 있다는 확신에 차 있다. 그래서 자기의 주권과 능력만이 영원한 것이라 자만하며, 진짜 영원을 멸시하고 혐오하고 끝내 유기한다. 하지만 그럴수록 유기되는 것은 우리 자신의 가능성이다.

사람들은 진정한 나를 찾아라, 너답게 살아라 충고하지만 그것이 바로 관심의 패러다임이 요구해 온 노동이다. 이 시대는 나르시시즘이 미덕이 되어 버린 시대다. 그리고 인터넷은 나르시시즘 발전소이자 훈련장이고 동시에 그 폐기장이다. 누구나 자아를 찾으러 그곳에 가지만 실상 누구도 찾지 못하며, 이 패턴은 쳇바퀴 돌듯 반복되다 끝내 자아의 경계마저 해체한다. 이 경계의 해체는 온갖 조절장애와 우울의 조건이 된다. 오늘날 인간이 앓고 있는 비판 능력 상실은 인터넷과 결코 무관치 않다. 하이퍼링크는 경계를 해체함으로써 이성을 마비시킨다.

칸트는 "훈련"Disciplin을 말한다. 하지만 이는 그저 자아를 회복하는 것이 아닌, **자아와 타자의 경계**를 복구하는 훈련이다. 즉 (지표면 비유에 따른다면) 지구가 평평한 줄만 알고 무한정 뻗어 나가는 유아기적 이성에서, 지표면이 사실 구면임을 앎으로써 자신의 한계까지 인식하는 겸허한 이성으로 돌아가야 한다는 것이다. 인터넷을 보았다면 칸트는 다음처럼 말했을 것이다. 하이퍼링크의 관심선을 철회하고 구부려서, 즉 그를 직선의 형식(Pro-) 에서 곡선의 형식(Re-)으로 한껏 후굴시켜서, 비록 '나는 누구와도 연결할 수 있다'라는 가상적 가능성은 포기되겠 으나, 그 대신 두루 비판되어 한정된 가능성들과 실질적 으로 접촉하는 "경계면"Oberfläche[22]을 복구하라고.

저 **경계 지어진 덩어리**는 그저 머릿속 관념이 아닐 것 이다. 그것은 시간과 영원의 번지수를 다시 매기기 위해, 자신은 시간 쪽으로 후퇴하여 비로소 **"대상 그 자체의 가 능성"**,[23] 즉 **영원한 객체**를 마주하는 어떤 실질적 자아다. 자신이 충분히 시간 속에 존재하므로 비로소 타자와 무 를 감각하는 그런 실질적 셀프다.

니체는 '물질의 폐기', '원자에서 비트로' 같은 21세 기 패러다임이 나오기 훨씬 전에 이미 육체의 복권을 주 창했던 철학자다. 그는 이성은 거짓이었고 육체만이 진 짜였다고 말하는 데 만족하지 않는다. 니체는 인류가 그 동안 이성이라고 망상해 온 것이 사실은 육체였다고 말

---

22 임마누엘 칸트, 『순수이성비판』, B787.
23 앞의 책, B798.

한다. "그들의 육체는 바로 그들의 물자체다."[24] 그리고 가상적 자아Ich에 '육체적 셀프'Selbst를 대립시켰다. "그대의 생각과 감정 뒤엔 강력한 주인, 알려져 있지 않은 현자가 있는데, 그 이름이 '육체적 셀프'다. 그는 그대의 육체에 살고 있다. 그가 바로 그대의 육체인 것이다."[25] 온갖 가상에 의해 가려져 있던 진짜 셀프란 육체라는 것이다.

니체는 건강한 육체는 저항을 탐지해 내는 더듬이와 같다고 말한다.[26] 그러니까, 육체는 저항, 초월, 회귀의 장소로서, 그 자체로 세계와의 경계면을 형성한다. 우리는 오직 육체로서, 육체와 함께 자신을 뛰어넘고 또 자신에게 돌아온다. 그렇게, 가상만을 날조하던 니힐리즘의 직선(Pro-)을 영원회귀의 곡선(Re-)으로 구부려서, 진짜 영원

---

24 프리드리히 니체, 「내세론자」, 『차라투스트라는 이렇게 말했다』, 곽복록 옮김, 동서문화사, 2007, 1부, 37쪽. 곽복록은 "본질"로 옮겼지만, 여기선 원문의 "Ding an sich" 그대로 옮긴다.

25 앞의 책, 1부, 「육체를 경멸하는 자」, 38쪽. 곽복록은 "본래의 자아"로 옮겼으나 원문은 "Selbst"다. 문맥상 육체적 감각과 본능 모두를 포함하는 개념이다. 우리가 사용해 오던 '셀프'란 개념과 대비되게끔 '육체적 셀프'로 옮겼다.

26 프리드리히 니체, 『권력에의 의지』, 강수남 옮김, 청하, 1988, 702절, 418쪽. "인간은 저항(Widerstand)을 탐구하며 […]".

을 향한다. "영원의 길은 굽어 있다."[27]

물론 니체는 칸트를 내내 비난했다. 하지만 그것은 칸트가 물자체를 비판했던 방식을 통해서였다. 칸트는 아무리 순수한 가능성이더라도 그것을 실현할 방법과 수단이 없었더라면 인식되지도 않았을 거라고, 이성이 순수했던 것도 그가 애당초 실천적이었기 때문이라고까지 말한다.[28] 순수이성은 자신의 유한성을 자각하며 감각과 실천의 관심을 놓지 않는 한, 즉 **세계의 타자성**에 직면하는 한, 육체를 가진다.

이 시대의 모든 나르시시즘에는 육체에 대한 경멸이 포함되어 있다. 이상적 셀프가 팽창하기 위해서 육체의 속박은 불필요하고 성가신 것이기 때문이다. 우린 혐오 현상에서 육체 자체를 증오하거나, 심지어 그를 문제의 숨은 원인으로 지목하려는 경향을 어렵지 않게 찾아볼 수 있다. 육체를 이상적 셀프에 맞춰서 얼마든지 조작 가능한 사물로 환원한다는 점에서 셀카 문화도 예외는 아

---

27 프리드리히 니체, 「회복기의 환자」, 『차라투스트라는 이렇게 말했다』, 232쪽.
28 임마누엘 칸트, 『실천이성비판』, 백종현 옮김, 아카넷, 2012, V3; V121.

니다. 오늘날 육체는 너무 하찮아졌다. 이를 숨기려 더더욱 육체의 이상적 모습만이 찬양된다. 혐오의 인간이 타자를 혐오하는 동안, 하이퍼링크는 육체의 타자성을, 그 몸무게, 질량감, 소거 불가능한 저항성을 혐오한다. 이 두 층위는 절대 분리 불가능하다.

모든 대상혐오증은 어떤 형태로든 **육체혐오증**을 반드시 전제한다. 육체야말로 **타자성의 장소**이기 때문이다. 타자와 마주치기도 하고, 자신 또한 타자로서 반성되도록 하는 실질적 경계면Oberfläche이기 때문이다.[29] 경계면은 사이트나 도메인이 아니다. 경계면은 수치와 저항이 발발하는 장소다. 그러니, 세계를 지우고 셀프를 팽창시키려면 그 경계부터 소거해야 하는 관종은 운명적으로 육체의 적이 된다. "그대들이 육체를 경멸하는 이유는 생을 외면하기 때문이다."[30]

---

29 프로이트도 육체의 표면성에 대해 말한다. 그리고 자아라는 관념 역시 그 투영에 지나지 않는다고 말한다. "자아는 무엇보다도 먼저 표면적 실체(Oberflächen-wesen)일 뿐만 아니라 그 자체로 표면의 투영이다"(지그문트 프로이트, 「자아와이드」, 『정신분석학의 근본 개념』, 2절, 365쪽).
30 프리드리히 니체, 「육체를 경멸하는 자」, 『차라투스트라는 이렇게 말했다』, 1부, 39쪽.

이번 세기, 관종이 가장 먼저 분리수거해서 내다 버린 것은 육체다. 관심의 패러다임에서 육체는 가장 먼저, 또 가장 가혹하게 핍박받은 자다. 육체는 링크되지도 팔로우되지도 않는다. '좋아요'를 누를 수도 없다. 그 대신 그는 차단되지도 언팔되지도 않는다. 좋거나 싫을 수도 없다. 육체는 항상 거기에 존재하며, 그래서 항상 공포와 죽음에 직면한다. 그는 저항이다. 육체의 소거 불가능한 무게로 인하여 우리는 좋은 싫든 경계를 가지고 타자와 부딪히고, 때로는 자신이 타자가 되어 세계와 부딪히며, 자신의 유한함에 좌절하겠으나 스스로에 대해서도 타자로서 분투하고 또다시 일어나며, 그렇게 시간을 꾸역꾸역 살아 낸다. 하이퍼링크엔 몸무게가 없다. 클릭조차 손가락의 무게에 의한 것이 아니다. 관심의 패러다임이 육체를 가장 먼저 추방하려고 했던 이유다. 고로 오늘날 회복되어야 할 것이 주체성이 아니라 대상성이라면, 그것은 육체로부터 시작되어야 할 터다. 육체의 복권은 모든 타자성의 시작이다. 이것은 헬스케어 앱이 알려 주는 신체건강 지수나 포르노그래피의 음란함과는 아무런 상관이 없다. 감각은 세계에 대한 믿음이다.